Merton-Lesungen an der
Johann Wolfgang Goethe-Universität
Frankfurt am Main

Kurt Schmidt

Reform der Unternehmensbesteuerung

Erfordernisse und Lösungswege

2. Merton-Lesung
an der Johann Wolfgang Goethe-Universität
Frankfurt am Main

Herausgegeben von P. Bernd Spahn

Springer-Verlag
Berlin Heidelberg New York
London Paris Tokyo

Autor
Prof. Dr. Kurt Schmidt
Johannes Gutenberg-Universität,
Saarstraße 21, D-6500 Mainz

Herausgeber
Prof. Dr. P. Bernd Spahn
Fachbereich Wirtschaftswissenschaften
Johann Wolfgang Goethe-Universität,
Mertonstraße 17–25, D-6000 Frankfurt a.M.

ISBN-13: 978-3-540-16956-7 e-ISBN-13: 978-3-642-93332-5
DOI: 10.1007/978-3-642-93332-5

CIP-Kurztitelaufnahme der Deutschen Bibliothek
Schmidt, Kurt: Reform der Unternehmensbesteuerung: Erfordernisse u. Lösungswege; 2. Merton-Lesung an d. Johann Wolfgang Goethe-Univ. Frankfurt am Main / Kurt Schmidt. Hrsg. von P. Bernd Spahn. – Berlin; Heidelberg; New York; London; Paris; Tokyo: Springer, 1986.
(Merton-Lesungen an der Johann Wolfgang Goethe-Universität Frankfurt am Main)

2142/3140-543210

Vorwort

Am 24./25. Juni 1982 wurde die Reihe der Merton-Lesungen an der Johann Wolfgang Goethe-Universität Frankfurt/Main eröffnet. Die erste Lesung hielt Nicholas Kaldor. Professor Kaldor, Fellow am King's College in Cambridge (England), sprach damals zu den Grenzen der "General Theory". Nach einer längeren Unterbrechung wurde die Serie im November 1985 mit der zweiten Lesung fortgesetzt.

Zu der zweiten Lesung, die am 28.11.1985 stattfand, wurde Prof. Dr. Kurt Schmidt von der Johannes Gutenberg-Universität in Mainz eingeladen. Professor Schmidt sprach zum Thema "Reform der Unternehmensbesteuerung - Erfordernisse und Lösungswege -". Die Lesung sowie die sich daran anschließende Diskussion vor dem Fachbereich Wirtschaftswissenschaften der Johann Wolfgang Goethe-Universität Frankfurt/M. bilden den Inhalt dieses Bändchens.

Die Merton-Lesungen an der Johann Wolfgang Goethe-Universität sind benannt nach dem Gründer der Metallgesellschaft AG, Wilhelm Merton. Merton war nicht nur ein äußerst erfolgreicher Unternehmer, der ein Unternehmen gründete, das heute weltweites Ansehen genießt; er war auch ein bedeutender Frankfurter Mäzen vor allem für die Wissenschaft. Seine Stiftungen, insbesondere die der Handelsakademie, waren für die Universität von großer Bedeutung, da sie wichtige erste Beiträge zur Gründung der Stiftungsuniversität, der späteren Johann Wolfgang Goethe-Universität in Frankfurt/Main darstellten.

Der Fachbereich Wirtschaftswissenschaften fühlt sich geehrt, Herrn Prof. Dr. Kurt Schmidt zur Fortsetzung der Reihe der Merton-Lesungen gewonnen zu haben.

Professor Schmidt wurde am 18.10.1924 in Sobernheim geboren. Nach dem zweiten Weltkrieg studierte er (von 1946 - 1952) das Fach Volkswirtschaftslehre an den Universitäten Bonn und Lausanne. Von 1951 bis zu seiner Habilitation war er wissenschaftlicher Assistent an der Universität Bonn, wurde dortselbst 1952 promoviert und 1957 Privatdozent. Nach einer Reihe von Auslandsaufenthalten, die ihn als Research Fellow bzw. Gastprofessor an bedeutende Universitäten führten, so die Harvard University in Cambridge (Massachusetts), die John Hopkins University in Baltimore, die University of California in Berkeley und das Center of International Studies der John Hopkins University in Bologna (Italien), wurde er im Jahre 1963 zum Professor der Volkswirtschaftslehre und Finanzwissenschaft an die Technische Universität Berlin berufen. Seit 1968 lehrt Professor Schmidt an der Johannes Gutenberg-Universität Mainz, wo er als Direktor das Institut für Finanzwissenschaft leitet. Seit 1968 ist Professor Schmidt Mitglied des Wissenschaftlichen Beirats beim Bundesministerium der Finanzen, für zehn Jahre (von 1974 bis 1984) war er Mitglied des Sachverständigenrats zur Begutachtung der gesamtwirtschaftlichen Entwicklung. Durch seine bedeutenden wissenschaftlichen Arbeiten sowie seine ausgedehnte Beratertätigkeit genießt Professor Schmidt einen hervorragenden Ruf im In- und Ausland.

Mit seinem Thema "Reform der Unternehmensbesteuerung" wendet sich Professor Schmidt einer Frage zu, die in der Finanzwissenschaft immer wieder besondere Aufmerksamkeit erregt hat. Im wirtschafts- und finanzpolitischen Bereich ist die Frage nach der angemessenen Besteuerung von Unternehmen auch nach der Reform der Körperschaftsbesteuerung und einigen Anpassungen im Gewerbesteuerrecht aktuell. Die Aktualität des Themas wird nicht zuletzt dadurch unterstrichen, daß unternehmerische Entscheidungen maßgeblich die Beschäftigungssituation eines Landes prägen. Vor dem Hintergrund hoher Arbeitslosenzahlen hat dieses Thema also seinen besonderen Stellenwert.

Professor Schmidt diskutiert in seinem Referat drei verschiedene Lösungswege zur Reform der Unternehmensbesteuerung unter dem Aspekt einer Stärkung der Investitionsbereitschaft, der Bildung von Risikokapital und damit auch der Verbesserung der Beschäftigungssituation und der Bewältigung künftiger wirtschaftlicher Aufgaben.

Eine radikale Neuordnung des Besteuerungssystems sieht Professor Schmidt in der Einführung einer Konsumbesteuerung, die die Einkommensteuer ersetzen soll. Unter einer solchen Steuer bleibt für die Besteuerung des Sparens und des Investierens kein Raum. Eine solche radikale Reform würde nach Auffassung von Professor Schmidt im Hinblick auf Wachstum und Beschäftigung beträchtliche positive Auswirkungen haben.

In einem zweiten Lösungsansatz geht es um eine anspruchsvolle Änderung des Steuersystems, die ebenfalls zum Ziele hat, Risikobereitschaft zu stärken und Kapitalbildung zu begünstigen. Die wichtigsten Ansatzpunkte bieten die Erweiterung des Verlustausgleichs im Rahmen der Einkommensteuer und der Körperschaftsteuer, sowie die Verbesserung von Abschreibungsmöglichkeiten. Hinzu treten Erleichterungen bei der Vermögensbesteuerung. Die Diskussion der Frage, wie Anleger von Risikokapital steuerlich begünstigt werden sollen, nimmt einen breiten Raum ein. Neben Maßnahmen im Rahmen einzelner Steuern (neben den genannten werden noch die Gesellschaftsteuer, die Grunderwerbsteuer, die Gewerbesteuer angesprochen) sieht Professor Schmidt einen weiteren Ansatzpunkt in der Umstrukturierung des Steuersystems als Ganzes. Hierbei geht es ihm im wesentlichen um eine Verlagerung der Akzentuierung von Steuern auf die Investitionstätigkeit auf Steuern, die am Konsum anknüpfen.

Im Rahmen einer sogenannten resignativen Ersatzlösung diskutiert Professor Schmidt schließlich noch einige Einzelmaßnahmen, die zwar unter theoretischem Anspruch unsystematisch bleiben müssen, wohl aber am ehesten im Rahmen des bestehenden politischen und administrativen Kräftefeldes umsetzbar sind. Auch hier geht es ihm immer wieder um die steuerliche Entlastung von Investition und Innovation, allerdings bei realistischer Einschätzung der für die Steuerpolitik geltenden Rahmenbedingungen. Eine kurze Evaluierung der Erfolgswahrscheinlichkeit der aufgezeigten Lösungswege runden den Beitrag ab.

Die sich an den Vortrag anschließende Diskussion im Fachbereich Wirtschaftswissenschaften wurde eingeleitet durch zwei kurze Koreferate von den Professoren Häuser und Biehl. An der sich daran anschließenden Debatte beteiligten sich die Herren Professoren Abb, Fleischmann, Mellwig, Mitschke, sowie selbstverständlich der Referent, Herr Professor Schmidt, und die beiden Koreferenten. Diese Diskussion ist im Anschluß an das Referat ebenfalls abgedruckt.

Der Herausgeber, der auch die schriftliche Fassung der Diskussion besorgt hat, nimmt an dieser Stelle die Gelegenheit wahr, allen an dieser zweiten Merton-Lesung Beteiligten recht herzlich zu danken, insbesondere Herrn Professor Dr. Schmidt und den Kollegen des Fachbereichs, die sich in der Diskussion engagiert haben. Der ganz besondere Dank gilt allerdings auch denjenigen, die diese Lesung erst ermöglicht haben. Stellvertretend für die

beteiligten Institutionen und Personen sind hier zu nennen:
der Vorsitzende des Vorstandes der Metallgesellschaft AG, Herr Dr. Natus, der Vorsitzende des Vorstands der Vereinigung von Freunden und Förderern der Johann Wolfgang Goethe-Universität Frankfurt/M., Herr Dr. Schröder-Hohenwarth, der Präsident der Johann Wolfgang Goethe-Universität, Herr Prof. Dr. Kelm, und der Dekan des Fachbereichs Wirtschaftswissenschaften, Herr Prof. Dr. Mellwig. Sie alle haben zum Gelingen dieses Buches beigetragen, wofür Ihnen herzlich gedankt sei.

Frankfurt im April 1986

Paul Bernd Spahn

Inhaltsverzeichnis

Ansprache von Professor Dr. W. Mellwig

Dekan des Fachbereichs Wirtschaftswissenschaften

Meine sehr verehrten Damen, meine Herren!

Es ist mir als Dekan des Fachbereichs Wirtschaftswissenschaften eine große Ehre, Sie heute zu einer weiteren Merton-Lesung hier in der Aula der Johann Wolfgang Goethe-Universität Frankfurt begrüßen zu dürfen. Meine Freude ist umso größer, als damit eine Zeit von nun schon über drei Jahren seit der letzten Veranstaltung, es war die erste überhaupt, vorüber ist, und ich von der Hoffnung ausgehen darf, daß die Merton-Lesungen nunmehr regelmäßig, ich würde mir wünschen, einmal im Jahr, ein Höhepunkt im Veranstaltungskalender unseres Fachbereichs sein werden. Diese meine Hoffnung verbinde ich mit dem aufrichtigen Dank an die Metallgesellschaft, die 1981 anläßlich ihres hundertjährigen Bestehens im Gedenken an ihren Gründer die Wilhelm-Merton-Stiftung ins Leben rief. Diese Stiftung will ihrer Satzung gemäß Forschung und Lehre im Bereich der Wirtschafts- und Sozialwissenschaften unterstützen, insbesondere durch Veranstaltung regelmäßiger Vorträge zu wirtschaftswissenschaftlicher und politischer Bildung, und sie ermöglicht uns die heutige Veranstaltung.

Die doch recht lange Zeitspanne, die seit der letzten Merton-Lesung vergangen ist, gibt mir den Mut - ohne befürchten zu müssen, Sie mit der Wiederholung allseits Bekanntem zu langweilen -, einige Worte zu dem Manne zu sagen, dem diese Veranstaltung ihren Namen verdankt. Wilhelm Merton ist einer der großen Söhne Frankfurts. Ich meine damit nicht so sehr seine herausragende kaufmännische Begabung, sondern vor allem seine großen und großartigen gemeinnützigen Unternehmen und Stiftungen und hier neben dem Institut für Gemeinwohl in erster Linie die Akademie für Sozial- und Handelswissenschaften, die, 1901 begründet, Keimzelle der 1914 eröffneten Frankfurter Universität war. Den Initiativen Mertons ist es zu verdanken, daß die Universität Frankfurt die erste deutsche Universität mit einer sozial- und wirtschaftswissenschaftlichen Fakultät wurde.

Wilhelm Merton war durch und durch Kaufmann. Als seine Tätigkeiten in immer neue Größenordnungen hineinwuchsen, benötigte er tatkräftige, fähige Mitarbeiter. Der Gedanke, die Voraussetzungen für die Ausbildung solcher Mitarbeiter zu schaffen, war der Anstoß zur Gründung von Institutionen wie der Akademie für Sozial- und Handelswissenschaften. Sein Anliegen war die Durchdringung des wirtschaftlichen und sozialen Handelns mit wissenschaftlichen Erkenntnissen. Merton sah allerdings in der Beziehung zwischen der Wirtschaftspraxis und der akademischen Arbeit niemals eine Einbahnstraße. Von den Wissenschaften wollte er Erkenntnisse erhalten, die der unternehmerischen Tätigkeit Nutzen stiften könnten, doch war er zutiefst davon überzeugt, daß umgekehrt die Wissenschaften, und vornehmlich die Wirtschaftswissenschaften, wenig sind ohne die unmittelbare praktische Grundlage. Merton hat dies in einer anläßlich der Eröffnung der Universität erschienenen Sonderausgabe der Frankfurter Zeitung am 25. Oktober 1914 wie folgt zum Ausdruck gebracht: "Die Handelswissenschaften werden hier zum erstenmal an einer Universität zu einem ergänzenden Teil der Sozial-, Staats- und Volkswirtschaftslehre. Ihre Pflege ist sicher geeignet, einen großen Teil der Schwierigkeiten, die in der Verschiedenheit der Veranlagung, der praktischen und wissenschaftlichen Ausbildung sowie der Berufsanforderungen liegen, zu überwinden und eine Fühlung zwischen Theorie und Praxis herzustellen, die bisher nicht oder nur höchst unvollkommen vorhanden war."

Diesem Anliegen Mertons fühlt sich die Wilhelm-Merton-Stiftung verpflichtet. Ich bin sicher, daß das Kuratorium der Stiftung ganz auf dieser Linie lag, als es Herrn Prof. Dr Kurt Schmidt für die heutige Merton-Lesung auswählte. Herr Prof. Schmidt, Ordinarius für Finanzwissenschaft an der Universität Mainz, ist herausragender Experte in finanz- und wirtschaftspolitischen Fragen. Seine in Breite und Tiefe kaum zu übertreffende Fachkenntnis paart er mit einem ausgeprägten Gefühl für das Machbare. Herr Prof.

Schmidt ist seit 1968 Mitglied des Wissenschaftlichen Beirats beim Bundesministerium der Finanzen und war zehn Jahre, von 1974 bis 1984, Mitglied des Sachverständigenrats zur Begutachtung der gesamtwirtschaftlichen Entwicklung. Wir dürfen hier und heute zahlreiche fundierte Anregungen eines finanz- und steuerpolitischen Experten zur Reform der Unternehmensbesteuerung erwarten, mit Vorschlägen rechnen, die neben den Grunderfordernissen gerechter und ökonomisch rationaler Steuerpolitik Probleme der praktischen Umsetzung in Gesetzgebung und Verwaltung, aber auch die Vorstellungen der Wirtschaftspraxis berücksichtigt. Sehr geehrer Herr Schmidt, ich darf Sie in Erwartung Ihres Vortrages von dieser Stelle aus nochmals ganz herzlich willkommen heißen.

Gestatten Sie mir, meine sehr verehrten Damen und Herren, auf die Gründung der Universität Frankfurt zurückzukommen. Diese Universität ist das gemeinsame Werk zweier herausragender Männer, die einander auf das engste verbunden waren: von Wilhelm Merton, als Vertreter der Frankfurter Kaufmannschaft, der Frankfurter Wirtschaft, und von Franz Adickes, Oberbürgermeister der Stadt Frankfurt. Die Universität Frankfurt war seinerzeit ein Kind, ein heißgeliebtes, der Stadt und der Wirtschaft dieser Stadt. Die Universität - zunächst der Plan, dann die Realität - galt etwas in dieser Stadt, beherrschte die Gedanken führender Männer dieser Stadt. In "Die Zeit" vom 15. November dieses Jahres ist ein mehrseitiger Artikel über Frankfurt publiziert, in dem die Personen, Gruppen, Institutionen vorgestellt werden, die das öffentliche Leben dieser Stadt bestimmen. Die Universität findet dort nur indirekt Erwähnung; in einem Ihnen allen bekannten Konnex mit dem Hessischen Rundfunk und reduziert auf das Institut für Sozialforschung. Die Universität als Ganzes, die aus 21 Fachbereichen bestehende Hochschule, die ca. 30.000 Studierende ausbildet, an der Wissenschaftler von nationalem und internationalem Rang forschen und lehren, diese Universität kommt in diesem Artikel nicht vor.

Ich möchte es Ihrem Urteil überlassen, ob in diesem Artikel die Rolle der Universität falsch eingestuft wird oder ob in der Tat die Universität wenig gilt in dieser Stadt. Wie dem auch sei: Ich bin der festen Überzeugung, daß eine Universität auf Dauer nicht gedeihen kann ohne die Unterstützung der Stadt, in der sie wirkt, und ohne die Förderung der Wirtschaft dieser Stadt. Ich darf erinnern an das Anliegen und die Überzeugung Wilhelm Mertons, daß die Wirtschaft durch Förderung der Wirtschaftswissenschaften die Grundlagen ihrer eigenen positiven Entwicklung legt. In der Merton-Stiftung und in den Merton-Lesungen sehe ich einen Katalysator zu einer solchen Entwicklung. Ich hoffe mit Zuversicht, wir werden uns nunmehr regelmäßig an dieser Stelle zu den Merton-Lesungen zusammenfinden.

Kurt Schmidt

Reform der Unternehmensbesteuerung

– Erfordernisse und Lösungswege –

I. Zur Historie der Reformvorschläge

Den Ruf nach einer Reform der Unternehmensbesteuerung hat es, wenngleich aus anderen Gründen als heute, schon früher gegeben. Als Beispiel nenne ich die Diskussion bald nach dem Zweiten Weltkrieg. Damals ging es unter anderem um die Neutralität der Besteuerung in bezug auf die Rechtsform. Der Gedanke einer (jedenfalls in Teilen) einheitlichen Steuer auf Gewerbebetriebe kam freilich schon während des Krieges auf. So hat Schmölders im Jahre 1943 einen Gesetzentwurf für eine Kriegsbetriebssteuer vorgelegt[1]. Nach dem Krieg ist diese Idee wieder aufgegriffen worden. Anlaß dazu gab das Zusammentreffen von erheblichen Unterschieden der steuerlichen Belastung nach Gesellschaftsformen und der Notwendigkeit der Kapitalbildung zur Wiederherstellung und Erweiterung der Produktionsanlagen. Die Steuersätze der Körperschaftsteuer lagen damals weit unter den Höchstsätzen der Einkommensteuer; einbehaltene Gewinne wurden deshalb im damaligen System bei den Kapitalgesellschaften steuerlich begünstigt. Über eine Reihe von Jahren wurde diese Diskriminierung der Personengesellschaften und der Einzelfirmen allerdings durch die steuerliche Entlastung der nicht entnommenen Gewinne und die Abzugsmöglichkeit nach den Paragraphen 7a ff. EStG faktisch weitgehend aufgehoben. Diese Regelungen dienten bis in die späten fünfziger Jahre der Kapitalbildung über den Weg der Selbstfinanzierung. Es gab zwar Kritik daran. So war von Bevormundung der Steuerpflichtigen die Rede, und Zweifel an der Effizienz der so bewirkten Kapitallenkung des Staates wurden geäußert. Aber angesichts des noch unterentwickelten Kapitalmarktes glaubte man, auf die Begünstigung der Selbstfinanzierung nicht verzichten zu können. Erst in der zweiten Hälfte der fünfziger Jahre gelang es dann unter dem maßgeblichen Einfluß von Ludwig Erhard, den Kurs zu ändern. Die Begünstigung der Selbstfinanzierung wurde weitgehend aufgehoben und die private Kapitalanlage nicht mehr diskriminiert. Die Lenkung der Kapitalströme wurde also dem Markt anvertraut und die Kapitalmobilität erhöht - auch durch die Aufhebung von Kapitalverkehrskontrollen an den Grenzen. Dieser Kurs war ordnungspolitisch richtig und allokationspolitisch erfolgreich. Das gilt nach wie vor und ist denjenigen entgegenzuhalten, die dafür sorgen, daß auch heute wieder eine solch dirigistische Maßnahme wie die steuerliche Begünstigung des nicht entnommenen Gewinns in der Diskussion herumspukt: Es gibt keinen Ersatz für die Freiheit des Kapitalmarktes und - wesentlich dabei - für die Beseitigung von Diskriminierungen bei der Bildung von Risikokapital.

Aber kehren wir noch einen Augenblick zurück zu den Betriebsteuervorschlägen der frühen Nachkriegszeit. Im Jahre 1947 legte Boettcher einen Gesetzentwurf vor, der eine Betriebsgewinnsteuer mit einem proportionalen Satz von 50 v.H. für alle Gewerbebetriebe (unabhängig von ihrer Rechtsform) vorsah[2]. Die Körperschaftsteuer und die Gewerbesteuer sollten abgeschafft werden. Aus Gründen der Gleichbehandlung forderte Boettcher, den Unternehmerlohn in angemessener Weise auch bei Personengesellschaften und Einzelfirmen als Betriebsausgabe abzugsfähig zu machen. Die Gewerbebetriebe sollten aus der bestehenden Vermögensteuer herausgenommen werden; an deren Stelle (und anstelle der Gewerbekapitalsteuer) war eine Betriebsvermögensteuer vorgesehen, die als Betriebsausgabe abzugsfähig sein sollte. Der Vorschlag sah ferner vor, das Aufkommen aus den beiden Steuern nach Quoten auf alle Steuergläubiger zu verteilen; dabei war auch an eine Zerlegung nach Betriebsstätten gedacht. Ziele des Entwurfs waren Neutralität in bezug auf die Rechtsform, Erleichterung der Selbstfinanzierung und eine scharfe Besteuerung des Verbrauch über die Belastung der ausgeschütteten Gewinne durch die volle Einkommensteuer.

Ein Jahr später setzte die Verwaltung für Finanzen einen Betriebssteuerausschuß ein, dem unter anderem Boettcher und Schmölders angehörten[3]) Dieser Ausschuß legte 1949 einen Bericht mit drei Gesetzentwürfen vor. Allen gemeinsam war die einheitliche Besteuerung der Unternehmen unabhängig von der Rechtsform. Entwurf III war nahezu identisch mit dem früheren Vorschlag Boettchers, hätte also zu einer getrennten Besteuerung von Unternehmen und privaten Haushalten geführt. Entwurf I sah die Anrechnung der Betriebsteuer auf ausgeschüttete Gewinne bei der Einkommensteuer vor und hätte insoweit (wie beim Anrechnungsverfahren der Körperschaftsteuer) eine Integration der Betriebssteuer in die Einkommensteuer mit sich gebracht. Im Entwurf II wurde eine Schedulensteuer, also eine (proportionale) Einkommensbesteuerung der einzelnen Einkunftsarten vorgeschlagen; für natürliche Personen sollte dazu eine (progressive) Steuer auf die Summe der Einkünfte kommen. Auf diese Weise wäre erreicht worden, daß die Unternehmen für die nicht entnommenen Gewinne nur die Einzeleinkommensteuer hätten zahlen müssen; die ausgeschütteten Gewinne wären dagegen zusätzlich in die Bemessungsgrundlage der Gesamteinkommensteuer eingegangen.

Keiner dieser Vorschläge ist verwirklicht worden; das überkommene Steuersystem hat sich vielmehr auch nach dem Zweiten Weltkrieg als sehr robust erwiesen. Steuern überleben offenbar nicht nur politische und wirtschaftliche Katastrophen, sondern gedeihen dabei sogar recht gut. Die Mängel unseres Steuersystems sind freilich in den 50er und 60er Jahren weiterhin Gegenstand lebhafter Diskussionen in Wissenschaft und Praxis geblieben. So habe auch ich mich damals veranlaßt gesehen, das Problem einer einheitlichen Unternehmensteuer nach ihrer Rechtfertigung, ihren Funktionen und der darauf gründenden Ausgestaltung zu überdenken und einen Reformvorschlag vorzulegen[4]. Die selbständige Körperschaftsteuer, die damals erhobene Bruttoallphasenumsatzsteuer und die Gewerbesteuer sollten danach durch eine einheitliche Unternehmensteuer mit proportionalem Satz ersetzt werden. Diese Steuer habe ich äquivalenztheoretisch zu rechtfertigen versucht. Aus diesem Grunde und wegen der angestrebten Steuerzwecke schien mir die Bruttowertschöpfung die geeignete Bemessungsgrundlage. Der wachstumspolitischen und der konjunkturpolitischen Funktion der Steuer habe ich damals eine besondere Bedeutung zugemessen.

Diesen Weg einer Trennung der Besteuerung von Unternehmen (durch eine einzige, einheitliche Steuer) und von privaten Haushalten (durch die Einkommensteuer) ist die Steuerpolitik nicht gegangen. Sie hat in bezug auf die Körperschaftsteuer über das Anrechnungsverfahren deren Teilintegration in die Einkommensteuer herbeigeführt und durch den Übergang zur Mehrwertsteuer die Mängel der alten Umsatzsteuer behoben. Die Gewerbesteuer ist dagegen weiter degeneriert; ihre Reform oder ihre Substitution durch eine gute Gemeindesteuer steht noch aus.

II. Hauptprobleme und Vorbehalte

Nach dieser historischen Reminiszenz wollen wir uns den aktuellen Problemen der Unternehmensbesteuerung zuwenden. Warum ist eine Reform erforderlich und wie könnte sie aussehen? Die Frage nach der Notwendigkeit einer Reform ist (jedenfalls heute) nicht situationsneutral zu beantworten. Sie ergibt sich vielmehr aus den aktuellen und künftigen großen wirtschaftlichen Problemen, die wir zu lösen haben. Das gravierendste aktuelle wirtschaftliche Problem ist die Arbeitslosigkeit. Strukturelle Veränderungen werden künftig die größte Herausforderung sein.

Was die Arbeitslosigkeit betrifft, so ist zu konstatieren, daß sie zum größten Teil "strukturell" ist - und dies in dem Sinn, daß für den weitaus größten Teil der Arbeitslosen keine Arbeitsplätze vorhanden sind. Anders gewendet: Nur ein kleiner Teil der Arbeitslosen kann im Rahmen der bestehenden sachlichen Produktionskapazitäten (und bei den gegebenen institutionellen Bedingungen) Beschäftigung finden. Für die vielen anderen müssen dagegen Arbeitsplätze erst geschaffen werden, damit alle, die arbeiten wollen, auch arbeiten können und die Arbeit finden, die nach Art und Dauer ihren Wünschen am besten entspricht.

Was die strukturellen Probleme angeht, so kennen wir eine Veränderung schon ziemlich genau; es ist die demographische Entwicklung. Um der sogenannten Altenlast zu Beginn des nächsten Jahrhunderts Herr zu werden, müssen in erheblichem Umfang Konsummöglichkeiten in die Zukunft verlagert werden; dazu muß mehr Kapital gebildet werden, und das geht nicht ab ohne Einschränkung des Konsums in der Gegenwart. Denn nur so kann das zusätzliche Vermögen entstehen, das mehr Konsum in der Zukunft möglich macht. Auch einige andere strukturelle Probleme lassen sich absehen: die weitere Umsetzung technischen Wissens sowie sektorale und regionale Verlagerung der Produktion. In beiden Fällen handelt es sich um Suchprozesse, deren Ergebnis niemand kennt. Damit im Verlauf dieser Suchprozesse möglichst wenig Friktionen entstehen, brauchen wir günstige Bedingungen für die Suchenden. Weil ich später nicht näher darauf eingehe, sei hier wenigstens angemerkt, daß dazu viel mehr Flexibilität gehört als bei uns besteht. Mit der "deregulation" ist also Ernst zu machen - von der Ladenschlußzeit bis zur Handwerksordnung.

Außerdem ist zu bedenken, daß wegen der spärlichen Ausstattung unseres Landes mit natürlichen Ressourcen unser Wohlstand weitgehend vom Export abhängt. So gesehen ist die Bundesrepublik mit einem Unternehmen vergleichbar, das aufgrund seines know how, seiner Effizienz und last not least aufgrund der Tüchtigkeit seines Personals aus Rohstoffen und Vorprodukten Güter herstellt, die andere so hoch schätzen (und daher kaufen), daß alle in dem Unternehmen Tätigen hohe Realeinkommen beziehen (und ausser ihrem eigenen Wohlstand auch für einen guten Unterhalt der Alten und der Jungen sorgen können). Diese Position gilt es gegen die Konkurrenz auf dem Weltmarkt zu behaupten, und das heißt bei zunehmendem Welthandel zumindest mithalten.

Soll die Wirtschaftspolitik im allgemeinen und die Steuerpolitik im besonderen im Hinblick auf diese Probleme erfolgreich sein, so ist zunächst ein diagnostisches Urteil über deren Natur notwendig, und auf dieser Grundlage ist ein wirtschaftspolitisches Konzept zur Bewältigung dieser Aufgaben zu entwickeln. Die großen Probleme, mit denen wir es gegenwärtig und künftig zu tun haben, sind nicht konjunktureller Natur. Sie sind im wesentlichen Angebotsprobleme und lassen sich daher durch mehr wirtschaftliches Wachstum lösen. Wirtschaftliches Wachstum bedeutet, daß viele, ja die meisten Bürger nach höherem Wohlstand streben - sei es in der Form höherer Realeinkommen (wie es die volkswirtschaftliche Gesamtrechnung mißt) oder in Form einer besseren Umwelt (die in der volkswirtschaftlichen Gesamtrechnung nicht erfaßt wird) oder in einer Mischung von beidem oder in Form von sonst Erstrebenswertem. Der Wunsch nach mehr Wohlstand dominiert offenbar in der Bundesrepublik. Jedenfalls hat der Weg der Selbstbescheidung, über den die aufgezeigten Probleme im Prinzip ebenfalls zu lösen wären, bei uns bisher wenig Resonanz gefunden, und es sieht nicht danach aus, als ob sich in absehbarer Zukunft dafür eine Mehrheit finden ließe.

Mehr Wachstum für mehr Wohlstand heißt: mehr leisten, mehr arbeiten, mehr Risiken übernehmen und mehr sparen, mehr investieren und Neues versuchen. Besonders wichtig für die zügige Erweiterung der sachlichen Produktionsmöglichkeiten, in der das wirtschaftliche Wachstum zum Ausdruck kommt, sind Investitionen, und zwar Ausrüstungsinvestitionen und gewerbliche Bauinvestitionen, sowie Innovationen, also Neuerungen bei den Produktionsverfahren und bei den Produkten. Bei der steuerlichen Entlastung von Investitionen und Innovationen kann man unmittelbare und mittelbare Leistungsanreize unterscheiden. Mittelbar wird die Investitions- und Innovationstätigkeit beispielsweise durch das Senken der Grenzsteuersätze im Progressionstarif bei der Einkommensteuer (und der Sätze der Körperschaftsteuer) stimuliert. Das ist ein Problem der Einkommensteuerreform. Zu den unmittelbaren Maßnahmen gehören Aktionen, mit denen sich der Staat verstärkt an den Risiken von Investitionen und Innovationen beteiligt und mit denen er deren Finanzierung erleichtert; denn Risikobereitschaft und Risikokapital sind die Engpässe im Hinblick auf mehr Investitionen und Innovationen. Damit sind nicht staatliche Eingriffe en détail oder gar staatliche Vorgaben für Produktion und Investition gemeint. Ein solcher Aktionismus übersieht, daß viele einzelne wirtschaftlich auf Dauer allemal mehr zustande bringen als wenige, die aufgrund staatlicher Autorität handeln. Der Staat soll das Regelwerk schaffen und sichern, die Privaten sollen innerhalb diesen Rahmens die Entscheidungen im einzelnen treffen. Für die Steuerpolitik heißt dies, daß allfällige Entlastungen global sein sollen, also nicht diskriminieren dürfen; bestehende Diskriminierungen müssen vielmehr abgebaut werden. Anders ausgedrückt: Als Nebenbedingung ist zu beachten, daß eine Reform der Unternehmensbesteuerung für mehr Neutralität sorgen soll.

Das sind die Hauptprobleme einer Reform der Unternehmensbesteuerung, zu denen ich sogleich drei Lösungswege vortragen werde. Der erste ist eine radikale Neuordnung, der zweite eine anspruchsvolle Änderung und der dritte eine resignative Ersatzlösung.

Zuvor muß ich jedoch noch auf dreierlei hinweisen. Das erste ist eine Mahnung: Die Steuerpolitik, auch eine Reform der Unternehmensbesteuerung, die an den genannten Aufgaben orientiert ist, kann nicht den Hauptbeitrag zur Lösung dieser großen wirtschaftlichen Probleme leisten. Aber sie kann erheblich mehr dafür tun als bisher. Angesichts des Rangs und der Dringlichkeit der Probleme wird sie künftig zu deren Lösung auch mehr beitragen müssen.

Das zweite betrifft ein Grundproblem der Besteuerung, nämlich die Frage, ob im Rahmen einer Besteuerung nach der wirtschaftlichen Leistungsfähigkeit (laut Bundesverfassungsgericht ein grundsätzliches Gebot der Steuergerechtigkeit) das Investieren, also das Einschlagen längerer Produktionsumwege zum Zweck eines schnelleren Wachstums der sachlichen Produktionskapazitäten, steuerlich entlastet werden kann. Nach der traditionellen Lehre wäre diese Frage eher zu verneinen. "Denn sie sieht im Einkommen das entscheidende Merkmal der individuellen Leistungsfähigkeit, und demnach müßten im Prinzip alle Einkünfte, die einem Steuerpflichtigen zufließen, als Einkommen versteuert werden - unabhängig von der Verwendung. Es gibt jedoch auch gute Gründe, nicht im Einkommen, sondern im Konsum den geeigneten Indikator der Leistungsfähigkeit zu sehen, und diese Ansicht hat in neuerer Zeit wohl an Boden gewonnen. Gleichwohl ist die Frage nach dem "richtigen" Indikator der Leistungsfähigkeit weiterhin umstritten. Sieht man die Sache als unentschieden an, stellt sich die Frage, ob es andere Argumente gibt, die für den einen oder den anderen Ansatz sprechen. Und hier kann kein Zweifel bestehen, daß gegenwärtig und auch für viele künftige Jahre (zur Lösung der aufgezeigten großen wirtschaftlichen Probleme) besonders viele Investitionen nötig sind. ... Dies spricht ... für eine steuerliche Erleichterung von gewerblichen Investitionen"[5].

Das dritte bezieht sich auf einen Wirkungszusammenhang: Man darf nicht übersehen, daß auch eine radikale steuerliche Entlastung der Investitionen auf Dauer nicht viel bewirkt, "wenn die individuelle Last der Abgaben auf Einkommenszuwächse weitere Anstrengungen beim Arbeiten, beim Sparen und beim Übernehmen von Risiken unattraktiv macht. Nur wenn den einzelnen der Ertrag ihrer zusätzlichen Mühe lohnend erscheint, werden sie auf Dauer bereit sein, mehr zu leisten, auf diese Weise für mehr Wachstum zu sorgen und über mehr Wachstum zur Lösung der aufgezeigten Probleme beizutragen. Anders gewendet: Der Staat muß seine Abgaben und Auflagen so bemessen, daß die individuellen Antriebskräfte nicht gelähmt werden, sondern daß für diejenigen, die sich wirtschaftlich betätigen wollen, genügend attraktive Aktionsfelder offen stehen, damit es durch deren Tun ... zu mehr Wohlstand für alle kommen kann"[6].

III. Lösungswege

1. Eine radikale Neuordnung

Oben habe ich angekündigt, daß ich drei Lösungswege zur Reform der Unternehmensbesteuerung vortragen werde. Den ersten habe ich als eine radikale Neuordnung bezeichnet: Das wäre die Substitution der Einkommensteuer durch eine Ausgabensteuer: Was daran radikal für die Unternehmensbesteuerung ist, zeigt sich an den Merkmalen dieser Steuer. Bei einer Ausgabensteuer sind nicht die Einkünfte einer Periode, sondern die jeweiligen Konsumausgaben der privaten Haushalte die Bemessungsgrundlage. Eine Ausgabensteuer, die die Einkommensteuer ersetzen soll, muß die individuelle Leistungsfähigkeit berücksichtigen, also persönliche Freibeträge einräumen, das Splitting beibehalten und unter Umständen auf die Familie ausdehnen, sowie den Konsum progressiv belasten. Es handelt sich also - im Gegensatz zu unserer Mehrwertsteuer - um eine persönliche Verbrauchsbesteuerung. Außerdem muß, anders als beispielsweise bei der Tabaksteuer, der Konsum insgesamt erfaßt werden; die Ausgabensteuer muß in diesem Sinne also allgemein sein[7].

Die Idee der Ausgabensteuer ist, es sei wiederholt, allein den Konsum zu belasten. Bei den privaten Haushalten bliebe demnach das Sparen, bei den Unternehmen das Sparen und das Investieren steuerfrei. Für Unternehmen mit eigener Rechtspersönlichkeit entfiele damit die Körperschaftsteuer[8].

Zu einer Steuer, die das Sparen und Investieren freiläßt, paßt systematisch die Sofortabschreibung. Für Abschreibungsregelungen sind allerdings nicht ausschließlich steuerliche Gesichtspunkte maßgebend. Es läge nahe, daß es der Fiskus den Unternehmen überläßt, wie sie abschreiben wollen. Er hätte dadurch keinen Nachteil, denn in einem System der Ausgabensteuer wäre ihm gleichgültig, ob die Unternehmen höhere Abschreibungen oder mehr einbehaltene Gewinne ausweisen - besteuert würden beide nicht.

Wir müssen nun fragen, wie sich eine solche radikale Reform auf Investitionen sowie Innovationen und über diese auf das wirtschaftliche Wachstum auswirken würde. Weil Sparen und Investieren steuerfrei blieben, würde die steuerliche Diskriminierung der Zukunft beseitigt, die bei der Einkommensbesteuerung infolge der Belastung sowohl des Sparens als auch der daraus fließenden Zinsen besteht. Die Produktion von künftigen Konsumgütern, also das Investieren, würde attraktiver, das wirtschaftliche Wachstum also beschleunigt. Mehrere Wirkungsketten führen dahin. So ist damit zu rechnen, daß sich die Preisrelation zugunsten der Investitionsgüter (und zu Lasten der Konsumgüter) verschiebt; das Investieren würde also rentabler. Das Sparen stünde bei den privaten Haushalten wie bei den Unternehmen (in Form nicht entnommener Gewinne) brutto für netto, weil keine (störende) Steuer sich mehr dazwischen schöbe. Es gäbe ein größeres Kapitalangebot und damit wären niedrigere Zinsen zu erwarten; auch das verbesserte die Rentabilität der Investitionen. Niedriger würde die Zinsbelastung der Investitionen auch deshalb, weil die Unternehmen keine Steuern mehr auf die Investitionen vorzufinanzieren hätten, bis diese in Konsumgüter eingehen und deren erfolgreicher Absatz auch diese "Kosten"-Steuern deckt. - Bleibt das Investieren steuerfrei, dann können Steuern auch das Risikokalkül nicht beeinträchtigen. Man darf also erwarten, daß beim Übergang zur Ausgabensteuer auch mehr Risikobereitschaft zum Zuge käme, Investitionen und Innovationen mit höherem Risiko, die für die Umsetzung technischen Wissens besonders wichtig sind, also eine bessere Chance hätten. Kurzum, das Wachstum der sachlichen Produktionskapazitäten würde beschleunigt, die Anzahl der Arbeitsplätze nähme schneller zu und die Bedingungen für die Lösung der oben aufgezeigten künftigen wirtschaftlichen Aufgaben würden verbessert.

Darüber, daß das Vorzeichen der soeben skizzierten Wirkungen eines Übergangs zur Ausgabensteuer stimmt, sollte es keine Zweifel geben. Sorgen kann allenfalls der Wirkungsgrad bereiten. Aber auch da bin ich optimistisch. Selbst wenn man berücksichtigt, daß es in unserem Einkommensteuerrecht eine Reihe von Vorschriften gibt, die Sparen und Investieren entlasten, dürfte der Netto-Effekt dennoch erheblich sein. Nicht zuletzt sprechen dafür auch die Klagen der Unternehmen über die Steuerlast. Wenn man ihnen nur halbwegs Glauben schenkt, müßte die Steuerfreiheit der Investitionen und der Ersparnisse beim wirtschaftlichen Wachstum beträchtlich zu Buche schlagen.

Abschließen möchte ich die Ausführungen zu diesem Lösungsweg mit einigen Anmerkungen zu den Übergangsproblemen. Es wäre unzweckmäßig, weil wahrscheinlich kaum zumutbar, das Einkommensteuergesetz von einem Tag auf den anderen durch ein Ausgabensteuergesetz zu substituieren. Viel eher kann man sich vorstellen, daß der Übergang im Rahmen des Einkommensteuergesetzes und des Körperschaftsteuergesetzes bewerkstelligt wird. Diejenigen Teile des Einkommens, die nicht konsumiert werden, könnten von der Einkommensteuer freigestellt werden. Hand in Hand damit wären die steuerlichen Abschreibungsvorschriften zu ändern. Der Steuertarif müßte, wenn Aufkommensneutralität angestrebt wird, entsprechend angehoben werden. Um die Anpassung zu erleichtern (und die fiskalischen Risiken gering zu halten), könnte man erwägen, den Übergang schrittweise vorzunehmen. Zu bedenken wäre freilich, daß die damit verbundenen Ankündigungseffekte Störungen im Wirtschaftsablauf, insbesondere Attentismus bei den Investoren, hervorrufen könnten. Bei Einführung der Ausgabensteuer müßte außerdem das Vermögen der Steuerpflichtigen erfaßt werden, damit nach dem Übergang nicht steuerfrei konsumiert werden kann. Dies ließe sich, jedenfalls im Prinzip, in Verbindung mit einer Hauptveranlagung der Vermögensteuer (bei hoffentlich aktualisierter Bewertung) bewältigen. Die Vermögensteuer, die in neuerer Zeit (meines Erachtens zu Recht) in Verruf geraten ist, gewönne in Verbindung mit der Ausgabensteuer wieder an Reputation. Sie läßt sich nämlich in diesem Zusammenhang eher begründen als in Kombination mit der Einkommensteuer[9].

2. Eine anspruchsvolle Änderung

Bei dem zweiten Lösungsweg, den ich vortragen möchte, handelt es sich um eine anspruchsvolle Änderung der Unternehmensbesteuerung. Es ist das Konzept, für das der Sachverständigenrat immer wieder geworben hat. Auch hierbei geht es darum, mehr Risikobereitschaft und mehr Risikokapital zu aktivieren, damit mehr Investitionen und Innovationen zustandekommen und diese ein stärkeres Wachstum des gesamtwirtschaftlichen Produktionspotentials zustandebringen. Die steuerlichen Entlastungen, die dies bewirken, sollen global sein, bestehende Diskriminierungen abgebaut werden. Der wesentliche Unterschied zu dem oben beschriebenen ersten Weg besteht darin, daß die Lösung im Rahmen der bestehenden Steuern gesucht wird.

a) Mehr Risikobereitschaft wird aktiviert, wenn der Verlustausgleich im Rahmen der Einkommensteuer und der Körperschaftsteuer der Höhe nach unbegrenzt zugelassen und auch nach der Zeit beträchtlich erweitert wird. Der Staat ist dann nicht nur am Gewinn, sondern ebenso am Verlust beteiligt: allfällige Verluste treffen den Steuerpflichtigen also weniger hart als dann, wenn weniger Verlustausgleich zugelassen ist. Risikoneutralität der Besteuerung wäre übrigens selbst bei vollständigem Verlustausgleich noch nicht gegeben; dies rührt daher, daß progressive Sätze angewendet werden und daß beim Verlustvortrag Zinskosten anfallen.

Beides, mehr Risikobeteiligung des Staates und eine Erleichterung der Investitionsfinanzierung, wird erreicht, wenn die Abschreibungsmöglichkeiten über das hinaus erweitert werden, was der Abnutzung der Anlagegüter entspricht. Problematisch daran ist, daß allein wegen der Progression die (absoluten) Entlastungsbeträge unterschiedlich sein können. Dies ließe sich vermeiden, wenn man die Abschreibungen weiterhin danach bemessen würde, was durch die Abnutzung geboten ist, aber einen Abzug an der Steuerschuld zuließe, der nach einem Prozentsatz der Investitionen bestimmt wird (investment tax credit). Beide Verfahren könnte man überdies mit einer Vereinfachung der Abschreibungsmodalitäten verbinden - etwa derart, daß die Anlagegüter in Klassen eingeteilt werden, die sich nach der Anzahl der Jahre unterscheiden, über die die betreffenden Anlagegüter (linear) abgeschrieben werden dürfen. Wahrscheinlich müßte man bei einer solchen Schematisierung großzügig verfahren, womit schon eine gewisse Entlastung verbunden wäre.

Wichtiger ist, daß die steuerliche Entlastung im Hinblick auf die Investitionsrisiken neutral sein müßte. Unsere gegenwärtige Regelung, die keine Unterschiede des Abschreibungstempos in Abhängigkeit von der Nutzungsdauer der Anlagegüter zuläßt, diskriminiert die langfristigen Investitionen. Um Neutralität im Hinblick auf die Investitionsrisiken zu sichern, müssen die Abschreibungsmöglichkeiten sowie allfällige Abzüge von der Steuerschuld der Dauer der Kapitalbindung Rechnung tragen, d.h. um so größer sein, je länger die Nutzungsdauer der Anlagegüter ist.

Auch weitere Erleichterungen bei der Vermögensteuer kommen in Betracht, um die Risikobeteiligung des Staates zu erhöhen und die Investitionsfinanzierung zu erleichtern. Hier ist vor allem an die Beseitigung der Doppelbesteuerung der Kapitalgesellschaften und ihrer Anteilseigner sowie an eine weitere Minderung der diskriminierenden Bewertung des Betriebsvermögens zu denken. Die Erweiterung der Abschreibungsmöglichkeiten oder die Einführung von Steuerabzugsbeträgen ist jedoch wirksamer, weil hier eine

Entlastung nur zustandekommt, wenn investiert wird. Erleichterungen in der Vermögensteuer kommen auch denen zugute, die nicht investieren (vollständiger Mitnahmeeffekt).

Aus dem gleichen Grunde sind gegen die steuerliche Begünstigung des Ansammelns von Finanzierungsmitteln für künftige Investitionen (Investitionsrücklagen) Bedenken angebracht. Überdies würde die Besteuerung dadurch noch komplizierter, und ordnungspolitisch sind solche Fonds bedenklich, weil sie zu staatlicher Investitionslenkung einladen.

Die Notwendigkeit, daß steuerliche Erleichterungen an das Investieren gebunden werden, spricht auch gegen eine Steuerbegünstigung des nicht entnommenen Gewinns: Die Unternehmen wären frei, den einbehaltenen Gewinn selbst zu investieren, in Beteiligungen oder in Obligationen privater Emittenten anzulegen, dem Staat diese Mittel (für öffentlichen Konsum?) zur Verfügung zu stellen oder auch einfach für eine höhere Liquiditätshaltung zu verwenden. Außerdem ist gegen eine steuerliche Begünstigung des nicht entnommenen Gewinns einzuwenden, daß die Kapitalmobilität reduziert und der Kapitalmarkt als Entscheidungsinstanz über die Kapitalverwendung weitgehend ausgeschaltet wird.

Aus eben diesen Gründen ist es angebracht, an der Bereitstellung von Risikokapital generell anzusetzen. Anleger von Risikokapital sollten steuerlich entlastet werden, unabhängig davon, ob sie im eigenen Unternehmen oder anderswo investieren, und auch unabhängig davon, ob sie Einkünfte aus Gewerbebetrieb, Einkünfte aus selbständiger Arbeit oder Einkünfte aus nichtselbständiger Arbeit erzielen. Ansatzpunkt dafür könnte ein Abzug an der Einkommensteuerschuld und an der Körperschaftsteuerschuld sein, der als Bruchteil des in Risikokapital angelegten Betrages zu bemessen wäre.

Da diese Entlastung im Hinblick auf mehr wirtschaftliches Wachstum gewährt würde, sollte der Abzug eigentlich auf das zusätzlich gebildete Risikokapital beschränkt bleiben. Falls dies nicht in befriedigender Weise zu kontrollieren ist, müßte als Ersatz ein hinreichend langes Engagement in einer Risikoanlage verlangt werden. Das wäre freilich kein guter Ersatz, weil Umschichtungen innerhalb der Risikoanlagen erschwert würden. Dieser Mangel könnte jedoch wahrscheinlich behoben werden, wenn es möglich gemacht würde, Risikoanlagen (einschließlich allfälliger Wertsteigerungen) steuerunschädlich umzuschichten.

Selbstverständlich gibt es noch andere Maßnahmen, um mehr Risikokapital zu aktivieren. Hier will ich mich damit begnügen, auf die Möglichkeit hinzuweisen, Erträge aus neugebildetem Risikokapital - sei es bei den Anlegern, sei es bei den Unternehmen - befristet steuerfrei zu stellen.

Das Eigenkapital und damit das Risikokapital wird durch die Gesellschaftsteuer diskriminiert; diese Steuer sollte daher abgeschafft oder - wenn EG-Vorschriften dagegen stehen - auf den minimalen Satz gebracht werden. Ähnliches wäre bei der Börsenumsatzsteuer (und bei der Grunderwerbsteuer) angebracht, um die Mobilität des Kapitals zu erhöhen (und die Übertragung von Grundstücken zu erleichtern).

Risiko- und Finanzierungsaspekte sprechen auch gegen die Beibehaltung der Gewerbesteuer in ihrer gegenwärtigen Form und gegen weitere Entlastungen in der Weise, wie sie seit einiger Zeit praktiziert werden; denn die Abschaffung der Lohnsummensteuer sowie die steuerliche Erleichterung bei den Dauerschuldzinsen und bei den Dauerschulden haben es mit sich gebracht, daß die Eigenkapitalbildung diskriminiert und die Risikobereitschaft der Unternehmen beeinträchtigt wird.

b) Im Hinblick auf mehr Risikobeteiligung des Staates und leichtere Investitionsfinanzierung habe ich im Rahmen des zweiten Lösungswegs bisher einzelne Maßnahmen diskutiert und einzelne Steuern behandelt. Die Möglichkeiten der steuerlichen Entlastung von Investitionen und Innovationen sind damit freilich nicht erschöpft. Eine bedeutsame andere Maßnahme ist die Umgestaltung des Steuersystems. Hier geht es im Prinzip darum, die Last der Abgaben von den Steuern nur auf Investitionen (Gesellschaftsteuer, Vermögensteuer) auf die Steuern zu verlagern, die an Investitionen und Konsum anknüpfen (Einkommensteuer, Mineralölsteuer), und weiter eine Verschiebung von diesen Steuern auf solche Steuern herbeizuführen, die nur den Konsum belasten (Mehrwertsteuer, Tabaksteuer).

Diese Klassifikation ist nicht identisch mit der Einteilung in ertragsunabhängige und ertragsabhängige Steuern. (Gemeint ist damit die Unterscheidung in gewinnunabhängige und gewinnabhängige Steuern.) Denn Steuern auf den Konsum müssen keineswegs nur "ertragsabhängig" in diesem Sinne sein. Das läßt sich anhand der Mehrwertsteuer zeigen, die im wesentlichen den Konsum als Bemessungsgrundlage hat. Da der gesamtwirtschaftliche Konsum viel größer ist als der gesamtwirtschaftliche Gewinn, muß der größte Teil des Konsums aus anderen Einkommensquellen, vor allem aus Löhnen, bestritten werden. Die Mehrwertsteuer ist also weitgehend eine "ertragsunabhängige" Steuer, denn die Lohnsumme ist indirekt in ihrer Bemessungsgrundlage weitgehend enthalten. Auch müssen Steuern auf Investitionen keineswegs "ertragsunabhängig" sein. Das wird klar, wenn man bedenkt, daß Investitionen in erheblichem Umfang aus Gewinn finanziert werden. Gleichwohl überlagern sich die beiden Steuerklassifikationen. So sind die Gesellschaftsteuer und die Vermögensteuer Abgaben auf Investitionen und zugleich ertragsunabhängige Steuern.

Entscheidend für die Frage der Risikobeteiligung des Staates und der Erleichterung der Investitionsfinanzierung ist, dies sei wiederholt, die Einteilung der Steuern danach, ob sie nur an die Investitionen, an die Investitionen und den Konsum oder nur an den Konsum anknüpfen. Anders gewendet: Die oben vorgeschlagene Verlagerung zwischen diesen Steuern beschreibt am besten, wie Investitionen und Innovationen im Rahmen einer Umgestaltung des Steuersystems entlastet werden können.

Von diesem Konzept gibt es allerdings eine Ausnahme; das sind die Gemeindesteuern[10]. Das einzelwirtschaftliche Verhalten der Gemeinden führt dazu, daß bei ihnen die Einnahmen die Ausgaben bestimmen. Um mehr Stetigkeit bei den kommunalen Ausgaben, insbesondere bei den öffentlichen Sachinvestitionen (zwei Drittel davon werden von den Gemeinden vorgenommen) zu erreichen, ist es nötig, die Gewerbesteuer abzuschaffen und durch eine Steuer zu ersetzen, deren Konjunkturempfindlichkeit gering ist, die aber genügend Wachstumsreagibilität haben soll. Außerdem muß die Streuung im Pro-Kopf-Aufkommen der kommunalen Steuern zwischen größengleichen und auch zwischen größenverschiedenen Gemeinden reduziert werden. Ferner sollen die Gemeinden ein Hebesatzrecht behalten. Schließlich ist die Äquivalenz zwischen kommunalen Leistungen und kommunalen Steuern zu verbessern. All dies spricht für eine Steuer mit breiter Bemessungsgrundlage und für einen weiten Kreis von Steuerpflichtigen. Der Wissenschaftliche Beirat beim Bundesministerium für Finanzen und der Sachverständigenrat haben sich daher für eine Wertschöpfungsteuer ausgesprochen, die die Gewerbebetriebe, die Betriebe der freiberuflich Tätigen und die Behördentätigkeit erfaßt. Diese kommunale Wertschöpfungsteuer würde auch die Investitionen in die Bemessungsgrundlage einbeziehen. Das ist sozusagen der Preis für diese gute Gemeindesteuer. Für die steuerliche Entlastung von Investitionen und Innovationen, so gut sie wachstumspolitisch begründet sein mag, sind Gemeindesteuern ungeeignet. Die Entlastung der Risikobereitschaft und des Risikokapitals muß bei den staatlichen Steuern herbeigeführt werden.

3. Eine resignative Ersatzlösung

Der dritte Lösungsweg, dem ich mich jetzt zuwende, ist eine resignative Ersatzlösung. Sie besteht darin, daß über ad hoc-Maßnahmen versucht wird, mehr Risikobereitschaft und Risikokapital für mehr Investitionen und Innovationen zu aktivieren. Hier wird sozusagen zum Stückwerk an sich Zuflucht genommen; denn es handelt sich nicht um koordinierte Einzelmaßnahmen im Rahmen einer mehr oder minder umfassenden Strategie. Man kann sich das so vorstellen, daß je nach politischem Gewicht der Forderung und den finanziellen Möglichkeiten "etwas" für Investitionen und Innovationen getan wird. Dieses Etwas kann im Ansatzpunkt wie im Umfang vielerlei sein. Systematischen Erfordernissen wird dabei allerdings höchstens zufällig Rechnung getragen; der tagespolitische Effekt dominiert. Daher steht, was auf diese Weise zugunsten von Investitionen und Innovationen geschieht, auch fast jederzeit zur Disposition. Sind andere Einflüsse stärker und die öffentlichen Mittel knapp, werden diese Einzelmaßnahmen ebenso wieder aufgehoben. Selbstverständlich muß ein solcher Inkrementalismus Nebenziele wie die Unterscheidung in Rahmenwerk und Einzelentscheidungen sowie das Gebot der Nicht-Diskriminierung in der Steuerpolitik hintanstellen, und auch deswegen habe ich dieses Vorgehen eine resignative Ersatzlösung genannt.

Wir müssen uns freilich fragen, ob es sich hierbei überhaupt um so etwas wie einen eigenständigen, ernstzunehmenden Lösungsweg handelt. Gibt es, anders gewendet, genügend Gründe, dieses Sammelsurium von unsystematischen Einzelmaßnahmen systematisch als ein Konzept zur Reform der Unternehmensbesteuerung zu behandeln? Die affirmative Antwort, die ich darauf implizit bereits gegeben habe, möchte ich nun zu begründen versuchen.

Eine erste Stütze für diese Einordnung gibt Buchanans Sicht des Verhältnisses zwischen Staat und Bürgern. Danach ist der Staat kein wohlwollender Vater, sondern ein Monopolist, der seine Landeskinder auszubeuten, d.h. im Steuerstaat die Steuereinnahmen zu maximieren trachtet. Um die Monopolmacht zu zügeln, empfiehlt es sich, die Bemessungsgrundlagen zu beschränken. Breite Bemessungsgrundlagen erregen die Habgier des Besteuerungsmonopolisten; enge Bemessungsgrundlagen und Schlupflöcher sind erwünscht, weil sie Ausweichreaktionen möglich machen und eine übertriebene Steueranspannung verhindern. Die Steuersätze sollen weder nach Personen noch nach Gütern differenziert sein, weil sonst (wie bei der Preisdifferenzierung) durch unterschiedliche Steuersätze eine Rentenabschöpfung möglich wäre. Die Sätze werden dann hoch genug sein, um Steuerwiderstand hervorzurufen und wachzuhalten[11)].

Eine systematische steuerliche Entlastung von Investitionen und Innovationen macht unter diesen Bedingungen keinen Sinn; denn sie würde sicher von einer Ausdehnung der Bemessungsgrundlagen wie auch von einem Schließen von Schlupflöchern an anderer Stelle begleitet sein. (Tatsächlich erheben ja die Systematiker unter den Steuerreformern solche Forderungen.) Dies würde für die Investitionen und Innovationen zwar förderlich sein, aber das Verlangen des Staates nach möglichst hohen Steuereinnahmen käme auf diese Weise nicht unter Kontrolle[12)]. Hiergegen hilft nur, die Steuern zu senken, wo immer es im konkreten Fall möglich ist. Und wenn Entlastungen für Investitionen und Innovationen anstehen, dann geht es unter diesem Aspekt nicht um saubere Lösungen und um Steuerausfälle kompensierende Begleitmaßnahmen, sondern in erster Linie um die Steuersenkungen und derer disziplinierende Wirkung auf den Steuerstaat. Keinesfalls dürften danach andere Schlupflöcher geschlossen werden; allenfalls könnte man (bei unveränderten Bemessungsgrundlagen) an die Erhöhung von Steuersätzen an anderer Stelle denken. Ein solches Ansinnen würde jedoch auf den zunehmenden Steuerwiderstand der Bürger stoßen.

Für die inkrementale Entlastung von Investitionen und Innovationen sprechen zweitens Erfahrungen, die mit der Revision von Steuern im demokratischen Gruppenstaat gemacht worden sind. Das politische Kräftefeld, die Interaktion von Regierung, Parteien, Verbänden, der staatlichen Bürokratie und der öffentlichen Meinung, aber auch die außenpolitische Verflechtung, wie (tatsächliche und vermeintliche) Verpflichtungen innerhalb der Europäischen Gemeinschaft sowie internationale Abkommen anderer Art, lassen, so scheint es, nur ausnahmsweise durchgreifende Reformen zu[13]. Weil das Ergebnis auch großer Anstrengungen meistens nur Stückwerk geblieben ist und wenn es so sein sollte, daß mit mehr kaum zu rechnen ist, wird man unkoordinierte Einzelmaßnahmen im Hinblick auf die steuerliche Entlastung von Investitionen und Innovationen nicht gering achten dürfen, sondern das Wenige ernst nehmen müssen. Es geht also darum, aus den begrenzten Möglichkeiten das Beste machen, und dies bedeutet, innerhalb des bestehenden politischen Kräftefeldes und in Anbetracht der internationalen Verflechtungen für Maßnahmen zugunsten von Investitionen und Innovationen zu wirken. Dabei ist die Rolle der Wissenschaft allerdings bescheiden; denn sachkundiger Rat wird kaum benötigt, und auch den direkten Einfluß im politischen Kräftefeld wird man nicht hoch veranschlagen können. Geht man von dieser Grundkonstellation aus, dann ist es für die Wissenschaft wohl wichtiger, immer wieder und mit Nachdruck die Bedeutung von Investitionen und Innovationen für Wachstum und Beschäftigung darzulegen, um die politischen Akteure zu bewegen, darauf gerichtete Entlastungsmaßnahmen durchzusetzen, soweit das eben möglich ist.

Schließlich ist drittens ein Umstand einzubeziehen, dessen Gewicht zwar nicht einfach auszumachen ist, der aber nicht unberücksichtigt bleiben darf. Es handelt sich um die Rolle der Finanzverwaltung, genauer: um ihre Kapazität im Hinblick auf Reformmaßnahmen. Alle diejenigen, die grundlegende Reformen der Besteuerung fordern, gehen manchmal nur stillschweigend, meist aber explizit davon aus, daß der administrative Aufwand, den die Verwirklichung ihrer Vorschläge mit sich bringen würde, durch Vereinfachungen an anderer Stelle ausgeglichen wird. Es soll also kein Mehraufwand entstehen; angestrebt wird sogar ein Minderaufwand. Die Erfahrung zeigt allerdings, daß bisher der Verwaltungsaufwand auch und gerade im Zusammenhang mit Reformen (bei Einführung des Ehegattensplitting, bei der Reform der Umsatzsteuer und der Körperschaftsteuer) erheblich zugenommen hat - und zwar ganz einfach deshalb, weil administrativ nur "draufgesattelt", an anderer Stelle also nicht oder nur unzureichend vereinfacht worden ist. Der Verweis auf Schwerfälligkeit und Unwilligkeit reicht m.E. nicht aus, um die Klagen aus der Finanzverwaltung als wenig begründet beiseite zu schieben. Die Klagen gehen übrigens durch die ganze Hierarchie. Vom Hauptsekretär bekommt man zu hören, daß kaum einer Ankündigung mit mehr Skepsis begegnet wird als der von Vereinfachungen. Der Ministerialdirigent bestätigt, daß die Finanzverwaltung bisher äußerlich zwar mit allen Aufgaben fertig geworden ist, daß die nötige Sorgfalt beim administrativen Handeln aber weniger und weniger gesichert ist. Es drängt sich der Eindruck auf, daß die Finanzverwaltung eher mit unkoordinierten Einzelmaßnahmen zugunsten von Investitionen und Innovationen zurechtkäme als mit systematischen Reformen; denn der Art nach wäre dann kein neuer und quantitativ wahrscheinlich auch weniger administrativer Aufwand zu erwarten. Das würde ebenfalls dafür sprechen, diese Einzelmaßnahmen als ein alternatives Konzept systematisch in die Betrachtung einzubeziehen.

IV. Zur Erfolgswahrscheinlichkeit der Lösungswege

Soviel zu den drei Lösungswegen einer Reform der Unternehmensbesteuerung. Zum Abschluß meiner Ausführungen möchte ich kurz auf die Frage eingehen, wie es um die Erfolgswahrscheinlichkeit dieser Lösungswege steht. Wir haben diesen Punkt bereits bei der Diskussion des dritten Lösungsweges berührt. Und auf den ersten Blick sieht es so aus, als ob man nur mit dieser resignativen Ersatzlösung rechnen dürfte. Bei näherem Hinsehen zeigt sich indessen, daß ad-hoc- Maßnahmen nicht alles sind, was zu erreichen ist. Dies führt zu der weiteren Frage, in welchen Situationen mehr zustandekommen kann oder unter welchen Bedingungen die politischen Akteure mehr zustandebringen können. Einige Konstellationen, bei denen das erwartet werden darf, will ich im folgenden zu skizzieren versuchen.

Wie die Erfahrung zeigt, gibt es Situationen, in denen die politischen Akteure nicht weiter wissen, in denen sie in bezug auf eine Sachfrage oder auf eine Wahl oder im Hinblick auf beides ratlos sind. Dann werden auch durchgreifende Reformen möglich, wenn entsprechende Vorschläge vorhanden sind und zu den maßgeblichen Politikern gelangen. Die Rentenreform von 1957 kann wohl als Beispiel hierfür genannt werden. Vorschläge für grundlegende Reformen haben möglicherweise auch schon eine Chance, wenn die politischen Akteure unschlüssig sind, was sie an sachgerechten und wahlwirksamen Maßnahmen ergreifen sollen.

Verwandt damit ist eine Situation, in der ein einzelner Politiker oder eine Gruppe von Politikern, die grundsätzliche Reformen anstreben, für hinreichend lange Zeit erheblichen Einfluß gewinnen, - beispielsweise weil sie als Wahllokomotive gebraucht werden. Auch dann wird mehr möglich als nur ad hoc-Maßnahmen. Wahrscheinlich ist zu einem Teil auf diese Weise unser Gesetz gegen Wettbewerbsbeschränkungen zustandegekommen.

Außerdem können politische Überraschungen, wie spontane "Revolten" zu Situationen führen, in denen ad hoc-Maßnahmen einfach nicht ausreichen. Bei den Reformen, die auf solchen Druck zurückgehen, besteht freilich die Gefahr, daß es zu nicht sachgerechten Entscheidungen kommt. Das Ergebnis kann also gut, aber eben auch schlecht sein. Zu einem Beispiel für ein gutes Ergebnis könnte die Einkommensteuerreform werden, die gegenwärtig im amerikanischen Kongress beraten wird; wahrscheinlich ist die "tax revolt" in den Vereinigten Staaten dafür ein wesentlicher Anstoß gewesen. Ein Beispiel für ein schlechtes Ergebnis ist nach meiner Meinung die politische Reaktion auf die Studentenbewegung von 1968 in Form unserer Hochschulgesetze.

Durchgreifende Reformen können auch durch Fehlentwicklungen angestoßen werden. Wenn (wie beispielsweise bei unserer alten Umsatzsteuer) die negativen Wirkungen (also im Beispiel der Kumulations- und der daraus resultierende Konzentrationseffekt) so groß werden, daß das Verfassungsgericht gegen einen Teil der bestehenden Regelung entscheidet, oder wenn internationale Verpflichtungen dagegen stehen, oder wenn (wie im Fall der Umsatzsteuer) beides zusammenkommt, ist die Chance gut, daß der Weg für mehr als ad hoc-Maßnahmen frei wird.

Wieviel an durchgreifenden Reformen zustandekommt, hängt davon ab, wie groß in einer für Reformen offenen oder gar freundlichen Situation die Dringlichkeit ist, neue Lösungen zu finden, und wie reformgeneigt die politischen Akteure sind.

Ganz zum Schluß noch eine Anmerkung zur Rolle des wissenschaftlichen Ratgebers der Politik. Wie bescheiden diese Rolle beim resignativen Lösungsweg ist, habe ich oben bereits erwähnt. Mehr vermag die Wissenschaft zugunsten von grundlegenden Reformen zu leisten. Da kann sie Vorschläge machen und Entwürfe ausarbeiten. Zu großem Optimismus gibt es freilich auch hier keinen Grund. Reformideen setzen sich nicht von allein durch; sie brauchen, um realisiert zu werden, Situationen, in denen Reformen möglich sind, und politische Akteure, die sie durchsetzen wollen. Diese Konstellation mag nicht häufig vorkommen. Aber wie immer die Chancen für durchgreifende Reformen sein mögen, wir müssen dafür vorsorgen und uns bereithalten.

Verzeichnis der Teilnehmer an der Diskussion

1.) Prof. Dr. Fritz Abb, Institut für Konjunktur, Wachstum und Verteilung

2.) Prof. Dr. Dieter Biehl, Institut für Öffentliche Wirtschaft, Geld und Währung

3.) Prof. Dr. Gerd Fleischmann, Institut für Markt und Plan

4.) Prof. Dr. Karl Häuser, Institut für Öffentliche Wirtschaft, Geld und Währung

5.) Prof. Dr. Winfried Mellwig, Institut für Betriebswirtschaftslehre (Dekan)

6.) Prof. Dr. Joachim Mitschke, Institut für Betriebswirtschaftslehre

7.) Prof. Dr. P. Bernd Spahn, Institut für Öffentliche Wirtschaft, Geld und Währung (Diskussionsleitung)

Diskussion des Referats

Am 29.11.1985 fand eine weitere Veranstaltung zur Merton-Lesung von Prof. Dr. Kurt Schmidt statt, an der Mitglieder des Fachbereichs und Vertreter der Wirtschaft teilnahmen.

Der Dekan des Fachbereichs Wirtschaftswissenschaften, Herr Prof. Dr. Mellwig, begrüßte die Teilnehmer der Veranstaltung, die sich zusammengefunden hatten, um die Gedanken von Prof. Dr. Schmidt in einer Diskussion nachzubereiten. Diskussionsleitung hatte Prof. Dr. Spahn, der zunächst einige der essentiellen Punkte des Schmidtschen Referats vom Vortag rekapitulierte.

Prof. Spahn: Herr Professor Schmidt hat drei verschiedene Wege zu einer Reform der Unternehmensbesteuerung unterschieden. Sein Ansatzpunkt ist zunächst ein allokationspolitischer. Im Vordergrund steht dabei die Wirkung der Unternehmensbesteuerung auf die Beschäftigung. Der Ansatz ist damit im Hinblick auf das derzeit dringendste Problem der Wirtschaftswissenschaft und -politik - die Arbeitslosigkeit - von besonderer Bedeutung. Ich erinnere jedoch daran, daß im allgemeinen mit der Unternehmensbesteuerung auch weitere Ziele verfolgt werden, so etwa verteilungspolitische, aber auch konjunktur- und stabilitätspolitische. Wir wissen zwar heute, daß Verteilungspolitik nicht in jedem Fall erfolgreich sein muß, wenn nämlich die Verteilungspolitik zu allokationspolitisch unerwünschten Nebenwirkungen führt, weil beispielsweise die Beschäftigung zurückgeht. Durch das Verharren der Volkswirtschaft in einer ineffizenten Position wird die Verteilungspolitik dann an anderer Stelle einfach unterlaufen. Der Ansatz von Professor Schmidt erscheint daher im Hinblick auf diese Problematik sinnvoll und folgerichtig. Dennoch bleibt die Frage nach dem geeigneten Mix von Allokationspolitik und expliziter Verteilungspolitik mit steuerlichen Mitteln offen.

Professor Schmidt hat seinen Ansatz sodann konkret auf die Investitions- und Innovationsfreudigkeit der Unternehmen bezogen und er schlägt als ersten radikal-reformerischen Weg vor, die Einkommensteuer durch eine persönliche Konsumbesteuerung zu ersetzen. Damit wäre die Aktivität der Unternehmen, insbesondere die Investitionstätigkeit, steuerlich nicht belastet und es würden bestimmte Allokationsverzerrungen vermieden.

Der zweite Weg, den Herr Schmidt uns aufgezeigt hat, ist ein mehr pragmatischer. Es ist der Versuch einer anspruchsvollen Steuerreform, der im wesentlichen Vorschläge enthält wie sie uns vom Sachverständigenrat zur Begutachtung der gesamtwirtschaftlichen Entwicklung bekannt sind.

Der dritte Weg zeigt, daß Professor Schmidt durchaus auch politische Widerstände ins Kalkül zieht, indem er sich damit zufriedengibt, oder vielmehr damit zufriedengeben muß, auch mit ad hoc-Maßnahmen der Steuerpolitik zu leben, sofern sie nur zum Ziele haben, die Innovations- und Investitionstätigkeit der Unternehmen zu fördern, auch wenn dies steuersystematisch der am wenigsten befriedigende Weg ist.

Nach dieser kurzen Rekapitulation der Lösungsvorschläge von Professor Schmidt möchte ich nun zunächst Herrn Professor Häuser bitten, zu einigen wesentlichen Aspekten der Konsumbesteuerung Stellung zu nehmen.

Prof. Häuser: Von den drei genannten Wegen zu einer Reform der Unternehmensbesteuerung verdient wirklich nur der erste das Wort Reform im eigentlichen Sinne: Umgestaltung des Bestehenden. Dies würde in der Tat einen Einschnitt in unsere bestehende Steuerstruktur bedeuten. Da Herr Schmidt im letzten Teil seines Vortrags dafür plädiert hat, solche großen Lösungen, also wirkliche Reformen, in den akademischen Werkstätten vorbereiten zu lassen, sozusagen das reformerische Pulver trocken zu halten, obwohl dafür im Moment keine Chance vorhanden zu sein scheint, ist dies ganz im Sinne einer akademischen Tradition. Der Einfluß der akademischen Forschung auf die Wirtschaftspolitik ist nach meiner Meinung so gering nicht wie er oft in der Öffentlichkeit dargestellt wird. Denken Sie nur an die Mehrwertsteuer, an die heutige Geldmengensteuerung oder an die flexiblen Wechselkurse. All dies sind Dinge, die von der Theorie vorbereitet wurden, in der Praxis zunächst aber einhellig abgelehnt wurden. Es lohnt sich also, solche Vorbereitungen zu treffen. Die Diskussion kann sich damit auf zwei Ebenen abspielen, auf einer utopischen und auf einer pragmatisch-realistischen. Ich möchte zunächst diese utopische Plattform betreten und mich zur Ausgabensteuer äußern.

Die Ausgabensteuer beruht bekanntlich auf einem Vorschlag von Kaldor (ich erwähne dies mit einer Verbeugung gegenüber unserem Ehrendoktor und demjenigen international anerkannten Wissenschaftler, der diese Merton-Vortragsreihe eröffnet hat). Ich bekenne zunächst meine Sympathie für eine Ausgabensteuer vom Kaldorschen Typ. Dies ist bekanntlich eine Steuer auf den Konsum von natürlichen Personen; sie soll Personen danach belasten, "was sie aus dem Topf nehmen und nicht nach dem, was sie in den Topf hineingelegt haben". Da jedoch eine Unternehmung, etwa eine Aktiengesellschaft, kein Konsument ist, kann sie durch eine Ausgabensteuer nicht belastet werden. Eine Ausgabensteuer ist also a priori keine Unternehmensteuer. Die Frage bleibt demnach, wie eine rechtlich selbständige Unternehmung behandelt werden soll: Soll sie überhaupt besteuert werden oder sollen nur die den Anteilsinhabern zufließenden Einkommensteile besteuert werden?

Erlauben Sie mir an dieser Stelle einen kleinen Einschub im Hinblick auf die Frage, wie sich ein solcher Vorschlag mit den Römischen Verträgen, die die Europäischen Gemeinschaften begründeten, verträgt. M.E. würde die Einführung einer Ausgabensteuer durch die EG-Verträge nicht behindert, weil sie ja nach Art. 99 nur die Harmonisierung der indirekten, nicht aber die der direkten Steuern vorschreiben. Die Konsumbesteuerung wäre aber eine direkte Steuer auf Personen. Demnach wäre jedes Mitgliedsland dann frei, eine Ausgabensteuer einzuführen und zu gestalten.

Im Hinblick nun auf die Gestaltung der Unternehmensbesteuerung im Rahmen einer Ausgabensteuer scheint mir ein Umstand besonders problematisch. Herr Schmidt sagt an einer Stelle, da weder Ersparnisse noch Investitionen besteuert würden, würde dies heißen, Unternehmen werden nicht mehr besteuert. Hierzu muß ich einfach sagen, daß ich mir nicht vorstellen kann, daß man so verfährt und zwar zunächst aus Gründen der steuerlichen <u>Leistungsfähigkeit</u>, aber auch aus Gründen der <u>konjunkturpolitischen Effizenz</u> des Steuersystems.

Man versetze sich zunächst einmal in die Position eines größeren Unternehmers, der im wesentlichen Eigentümer ist, sei es als Aktionär oder als persönlich haftender Gesellschafter, der im allgemeinen einen Teil seines Einkommens im Unternehmen beläßt. Unter einer Konsumbesteuerung würde dies dazu führen, daß der normale Konsument, aber auch der Unternehmer, nach Maßgabe seines Konsums besteuert wird. Die darüberhinausgehenden Ersparnisse jedoch bleiben frei. Man stelle sich nun den Unternehmer vor, der einen Großteil seines Einkommens im Unternehmen beläßt, also spart. Hier stellt sich doch die Frage, ob dieser Unternehmer hier völlig steuerfrei bleiben soll. Ich glaube nicht, daß man dies ernsthaft fordern kann. Das würde aber heißen, daß wir neben der Konsumbesteuerung eine zusätzliche Steuer, eine Unternehmersteuer, haben müßten. Möglicherweise bräuchte man eine Einkommensteuer zusätzlich zur Konsumbesteuerung. Diese Einkommensteuer, die zugleich Körperschaftsteuer sein müßte, könnte mit einem einheitlichen Satz ausgestattet werden, beginnend bei einem Einkommen von - sagen wir - 100.000 oder 200.000 DM. Alles Einkommen darunter würde im wesentlichen der Ausgabensteuer anheim fallen, soweit es zu besteuern wäre. Hätten wir die Einkommensteuer nicht, so würden Großverdiener nur nach Maßgabe ihres Verbrauchs besteuert werden, der sehr niedrig liegen kann, während der Rest des Einkommens steuerfrei bleibt. Dies wäre aber weder politisch noch unter dem Gesichtspunkt des Leistungsfähigkeitsgedankens zu vertreten.

Mit einer zusätzlichen Einkommensteuer aber, die mit moderaten linearen Steuersätzen ausgestattet sein würde und zudem einen hohen Freibetrag zuläßt, also zumindest indirekt progressiv ist, gelänge es, dem Gedanken der Leistungsfähigkeit besser Rechnung zu tragen. Unter einem solchen System könnten z.B. auch die Abschreibungen völlig freigegeben werden, denn durch die indirekte Progression gäbe es für den Unternehmer einen Anreiz, seine Abschreibungssumme über die Jahre hinweg zu verteilen und so die Freibeträge optimal auszunutzen.

Gestatten Sie mir nun noch eine Bemerkung im Hinblick auf die Vorschläge 2 und 3, die auf einer mehr pragmatischen Ebene angesiedelt sind.

Ich beginne mit dem Problem des Verhältnisses der Eigenkapital- zur Fremdkapitalfinanzierung, einem Aspekt, der in dem Vortrag kaum berührt wird. Die heute bestehende Diskriminierung zwischen der Eigenkapitalfinanzierung und der Fremdkapitalfinanzierung ergibt sich hauptsächlich aus der Absetzbarkeit der Fremdkapitalzinsen und der Doppelbelastung mit der Vermögensteuer, d.i. der Körperschaftsteuer auf die Vermögensteuer und - in Verbindung mit der Gewerbesteuer - noch einmal die Einbeziehung der Vermögensteuer. Dies alles hat den Effekt, daß die Eigenkapitalfinanzierung aus steuerlichen Gründen um das 1,4fache teurer ist als die Fremdkapitalfinanzierung. Das führt natürlich dazu, daß Unternehmen so etwas wie eine optimale Strategie der Unternehmensverschuldung betreiben. D.h. sie verschulden sich weit mehr, als sie es bei einem verzerrungsfreien System tun würden. Das führt dann weiter dazu, daß die Verzinsung des Eigenkapitals, der Leverage, erheblich schwankt, d.h. die konjunkturelle Komponente ist erheblich stärker ausgeprägt, als sie es sein müßte. Damit wächst die Krisenanfälligkeit der Unternehmen, ganz zu schweigen von den Konsequenzen, die sich für die Struktur des Kapitalmarktes ergeben, wobei die Intermediäre dadurch bevorzugt werden, daß man im allgemeinen die Fremdkapitalfinanzierung der Eigenkapitalbildung vorzieht. Als Lösungswege hierzu bietet sich an: die Beseitigung der steuerlichen Doppelbelastung im Unternehmensbereich, Abzugsfähigkeit der Vermögensteuer, Reform der Gewerbesteuer und anderes.

Mit diesen Andeutungen möchte ich meine einführenden Worte abschliessen.

Prof. Spahn: Vielen Dank, Herr Häuser. Auch mir scheint, daß unter einer Konsumbelastung Platz ist für die Besteuerung von Unternehmen (wie sie ja auch etwa im Meade-Report gefordert wird). Wenn man einmal davon ausgeht, daß Konsum nicht allein aus dem Einkommen, sondern auch durch Verzehr von Vermögen bestritten werden kann, sollte man sich ernsthaft die Frage stellen, ob ein Unternehmen, das desinvestiert, also Vermögensverzehr betreibt, ebenso steuerfrei bleiben soll wie ein Unternehmen, das spart und investiert. Aber ich will nicht der Diskussion vorgreifen und gebe das Wort zunächst weiter an Herrn Biehl zu einigen weiteren grundsätzlichen Anmerkungen.

Prof. Biehl: Ich möchte mich in erster Linie auf den Gesamtansatz, den Herr Schmidt gewählt hat, und auf die Implikationen für das politische Szenario, also die politische Dimension dieser steuerreformerischen Vorschläge, konzentrieren. Zunächst darf ich sagen, daß mir der im Hinblick auf die Rolle des Staates und des privaten Sektors differenzierte Ansatz sehr gut gefällt. Weiter möchte ich, weil das für Finanzwissenschaftler nicht immer selbstverständlich ist, hervorheben, daß ich die optimale Arbeitsteilung zwischen öffentlichem und privatem Sektor für ein grundlegendes, wenn nicht das wichtigste Merkmal eines marktwirtschaftlich orientierten Mischsystems halte, und damit auch für das wichtigste Problem für eine wissenschaftlich begründete Beratertätigkeit. Mir geht es im folgenden darum, die übergreifende Gesamtkonzeption, die man als Referenzsituation zur Beurteilung einer Reform der Unternehmensbesteuerung braucht, noch etwas zu verdeutlichen bzw. auf Aspekte hinzuweisen, zu denen kritische Bemerkungen am Platze sind.

Als ersten Punkt möchte ich das Stichwort "optimale Struktur des gesamtwirtschaftlichen Kapitalstocks" nennen. Das bedeutet aus meiner Sicht, daß es eine optimale Relation zwischen privaten und öffentlichen Investitionen geben muß. Öffentliche Investitionen schaffen öffentliche Infrastruktur; Infrastruktur erbringt Vorleistungen unmittelbar für die privaten Haushalte, aber auch für Unternehmen. Wenn wir also eine Verzerrung dieser optimalen Kapitalstruktur haben, können Aussagen über das, was nur einen Teil dieser Relation angeht, nämlich den privaten Kapitalstock, auch falsch sein. Nehmen wir einmal an, daß der ständige Rückgang der öffentlichen Investitionsausgaben an den Gesamtausgaben von rund 20% in den 60er Jahren auf 10% gegenwärtig zur Folge hatte, daß der öffentliche Kapitalstock unzureichend ausgebaut wurde, und daß daraus negative Rückwirkungen auf das Wachstum entstanden sind. Wenn man das Problem jetzt nur unter dem Blickwinkel der privaten Investitionen sieht, ist die Diagnose, die privaten Investitionen seien zurückgeblieben, möglicherweise ein Ergebnis dieser verzerrten Kapitalstruktur. Der Staat vertritt eine inkonsistente Position, wenn er einerseits von den Privaten fordert, mehr zu investieren, während er selbst seine eigenen Investitionen kürzt. Unter diesem Gesichtspunkt müßte man also etwas darüber wissen, wie diese optimale Kapitalstruktur auszusehen hätte und ob es wirklich in erster Linie ein Problem fehlender privater Investitionen oder aber eine Verzerrung dieser optimalen Struktur ist.

Ein zweiter Punkt steht im Zusammenhang mit dem Stichwort crowding-out, Verdrängung der privaten Investitionen. Geht man von dieser Vorstellung eines optimalen Kapitalstocks aus, dann ist vom Ergebnis her eine Verdrängung privater Investitionen nur dann suboptimal, wenn wegen einer - bezogen auf die optimale Struktur - überhöhten Staatsverschuldung privat zu wenig investiert würde. Bis zu dem Punkt des Optimums nämlich kann es durchaus sinnvoll sein, daß private Investitionen verdrängt werden, wenn wir in einer Situation sind, in der der öffentliche Kapitalanteil zu gering ist. Anders gesagt, in jeder Markttransaktion, in jedem Akt, in dem Staat und Private um Ressourcen konkurrieren, muß es irgendeinen Verdrängungseffekt geben. Dabei sollte man üblicherweise nur Entwicklungen akzeptieren, die zum Optimum hinführen und die Maßnahmen ablehnen, die uns vom Optimum wegführen. Also handelt es sich hier wie üblich um das berühmte first-best/second-best-Problem: Könnten wir davon ausgehen, daß der Kapitalstock optimal ist, ist jede Verdrängung privater Investitionen, die uns von diesem Punkt weg bringt, negativ zu bewerten; sind wir aber in einer suboptimalen Situation mit zu niedrigem öffentlichen Kapitalstock, ist eine Verdrängung privater Investitionen erforderlich, um die optimale Struktur wieder herzustellen.

Der nächste Punkt greift die von Professor Schmidt verwendeten Stichworte Rigidität versus Flexibilität, also das Problem der Regulierung auf. Hierin liegt ein zentrales Anliegen für das Wachstum einer Volkwirtschaft. Ich meine jedoch, daß hier zusätzliche Überlegungen anzustellen sind, ähnlich den vorangegangenen. Meine These hierzu lautet: Wenn man etwa im Rahmen einer übertriebenen Konsolidierungspolitik dem Politiker die Instrumente Einnahmen- und Ausgabenpolitik einengt oder gar wegnimmt, dann wird man erwarten können, daß er sich um so mehr des Instruments der Regulierung, der Normierung, der gesetzgeberischen Auflagen bedient. Da wir einerseits gelegentlich wohl Steuerreformen hatten, aber andererseits selten den Abbau staatlicher Regulierungen erlebt haben, haben wir eine Situation vor uns, wo von Legislaturperiode zu Legislaturperiode kumulativ ein Bestand an Normen geschaffen wird, der sich wie ein Netz über alle wirtschaftlich Handelnden legt und sie sich darin verfangen läßt. So meine ich, daß der in den USA beschrittene Weg, nämlich zunächst bei der Deregulierung anzusetzen und dann mit einer Steuerreform nachzuziehen, der richtigere war und ist. Im Zusammenhang mit unserem Thema stellt sich dann auch die Frage, inwieweit durch solche Regulierungen die Innovations- und Investitionsbereitschaft der Unternehmen nicht abgenommen hat, weil zuwenig Flexibilität, weil zu geringe Handlungsspielräume verbleiben. Eine ursachenadäquate Strategie würde hier ansetzen müssen und nicht durch steuerliche Begünstigung der privaten Investitionen an den Symptomen zu kurieren versuchen dürfen.

Mein nächster Punkt bezieht sich auf die dritte Strategie von Herrn Schmidt: Die resignative Ersatzlösung und die dahinterstehende Auffassung vom "Monopolisten-Staat", der heute hier, morgen da Steuersenkungen produziert, aber dabei ohne ein Gesamtkonzept agiert. Wenn Steuerreform also auf diese Weise zum Dauerthema wird, dann sollte man sich an den bekannten Ausspruch des französischen Finanzwissenschaftlers Canard erinnern, wonach alte Steuern gute Steuern, neue Steuern schlechte Steuern sind - oder anders gesagt: Ruhe an der Steuerfront ist vorteilhaft, permanente Steuerreformen sind nachteilig. Wir laufen also Gefahr, durch eine Politik der häufigen kleinen Schritte die unternehmerischen Planungsgrundlagen zu zerstören, indem wir ständig neue Rahmenwerte produzieren und die Unternehmen damit zwingen, sich immer wieder erneut an diese sich verändernden Daten anzupassen. Die Umweltpolitik scheint mir ein Beispiel dafür zu sein, wie eine solche Politik aussieht. Auf diesem Gebiet scheinen die Unternehmer mit den häufig wechselnden Auflagen und wechselnden Standards nur schwer Schritt halten zu können. Ich fürchte, daß wir in eine ähnliche Situation hineingeraten, wenn es denn schon zu diesen resignativ-pragmatischen Lösungen der Steuerpolitik kommt. Allein die Probleme, die auf Seiten der Verwaltung entstehen, wenn ständig an einzelnen Aspekten des Steuersystems herummanipuliert wird, sind enorm. Dies läßt sich mühelos auf den gesamten Rechtsprechungsbereich ausdehnen. Auch hier wird zunehmend deutlich, wie durch die Vervielfältigung der Verfahren einmal die Kapazität des Staates in der Rechtsetzung und Rechtsprechung überstrapaziert und zum anderen der Steuerzahler überbeansprucht wird.

Lassen Sie mich meine kurzen Bemerkungen in einer Art Grundthese zusammenfassen: Herr Schmidt sagt in seinem Papier zu Recht, daß es immer wieder Aufgabe der Wissenschaft sein muß, auf die Bedeutung von Wachstum und Investition hinzuweisen. Ich kann diese Aussage nur nachhaltig unterstreichen, will sie aber aufgrund der eben dargelegten Äußerungen verstärken durch den Hinweis, daß Maßnahmen zur Förderung von Wachstum und Investition in erster Linie an den <u>Ursachen</u> von Wachstums- und Investitionsschwächen ansetzen sollten und nicht an den <u>Symptomen</u>. Zweitens muß man dabei auch beachten, daß die anhaltende Produktion von neuen Vorschriften einen ständigen Anpassungszwang der Unternehmen hervorruft und dadurch eher schadet als nutzt.

Prof. Spahn: Vielen Dank, Herr Biehl, für diese grundlegenden Ausführungen zu dem Referat von Professor Schmidt, den ich nunmehr bitten möchte, zu diesen Beiträgen Stellung zu nehmen. Herr Schmidt, Sie haben das Wort!

Prof. Schmidt: Wenn Sie erlauben, werde ich in der Reihenfolge der Argumente, wie sie vorgetragen wurden, antworten.

Zunächst zu Prof. Spahn: Mein Ansatz ist in erster Linie wachstums- und auch allokationspolitischer Natur; meine Ausführungen gestern sind getragen gewesen von dem Gedanken der Steigerung von Produktion und Investition tion. Aber das ist nicht willkürlich, sondern problembezogen geschehen; denn ich habe die aktuellen und künftigen großen wirtschaftspolitischen Problene vor Augen, die es zu lösen gilt. Und in bezug darauf ist mehr wirtschaftliches Wachstum der erfolgversprechende Weg. Da wir es bei den von mir bezeichneten Aufgaben nicht mit konjunkturellen Problemen zu tun haben, bin ich darauf nicht eingegangen. Auch die Verteilungspoblematik habe ich nur gestreift; denn die Unternehmensbesteuerung ist kein besonders geeignetes Umverteilungsinstrument. Gleichwohl möchte ich zur Verteilungsproblematik folgendes anmerken: Was in der Steuerlehre traditionell so stark betont wird, nämlich die Frage der iustitia distributiva, übersieht leicht, daß das Produzieren und Investieren sich nicht von selbst versteht und schon gar nicht, daß ständig etwas dazukommt. Es gibt im übrigen einen Aufsatz von Krzyzaniak, der zeigt, daß unter keineswegs exzentrischen Bedingungen Umverteilungsmaßnahmen wegen des dadurch bedingten schwächeren Wachstums für die Armen zu einer Situation führen können, die schlechter ist als die Situation, die sich ergeben hätte, wenn es ohne Umverteilungsmaßnahnen zu einem stärkeren Wachstum gekommen wäre. Angemerkt sei auch, daß ich die Distributionsprobleme nicht gänzlich ausgelassen habe. So habe ich darauf hingewiesen, daß eine Vermögensteuer im Rahmen der Ausgabenbesteuerung eher zu begründen ist, als im Rahmen der Einkommensteuer.

Nun zu Prof. Häuser: Auf die Schwierigkeiten, die sich bei einer Ausgabensteuer im Hinblick auf das Außensteuerrecht ergeben, konnte ich nicht näher eingehen. Wiederholt sei lediglich, daß man, wenn im Ausland keine Ausgabensteuer besteht, ohne Anrechnungsverfahren wohl nicht auskommen wird. Aber das sollte kein Hinderungsgrund sein, da wir ja auch unsere Körperschaftsteuer ohne Rücksicht auf die Regelung in unseren Nachbarländer reformiert haben. Allerdings erschweren die Außenwirtschaftsprobleme das Umsteigen auf die Ausgabensteuer, sofern das in mehreren Schritten geschieht.

Was Ihnen, Herr Häuser, offenbar den größten Kummer macht, ist die Tatsache, daß Unternehmen von Steuern auf Investitionen (und Ersparnissen) völlig freigestellt werden sollen. Das führt Sie dann zu der Frage, welches wohl der richtige Indikator für die Leistungsfähigkeit ist. Läßt man die Gemeindesteuern zunächst mal außer acht, dann gilt die Meinung, daß sich die Besteuerung nach der Leistungsfähigkeit zu richten haben. Aber da die Leistungsfähigkeit ein leerer Begriff ist, bedarf sie einer geeigneten Interpretation. Traditionell wird hierfür das Einkommen genommen - und zwar im Sinne einer "comprehensive tax base". Ich habe freilich erhebliche Zweifel, ob Schanz und Simons dies angesichts der heutigen Steuersätze noch fordern würden. Das Problem der comprehensive tax base wird besonders deutlich bei der Behandlung der capital gains. Es gibt, jedenfalls soweit ich sehe, fast überall Sonderregelungen für die Besteuerung von Vermögenszuwächsen; und wenn sie schon in die jährliche Bemessungsgrundlage der Einkommensteuer eingezogen werden, gelten meistens ermäßigte Steuersätze. Diese Sonderregelungen sind auch begründet, denn eigentlich ist die Einkommensteuer nach ihrem Herkommen eine Steuer, die an die Faktorenentgelte anknüpft. Solange die Steuersätze niedrig sind, können Vermögenszuwächse einbezogen werden, ohne daß gravierende Probleme entstehen. Sind die Steuersätze dagegen so hoch wie heute bei uns, geht es nicht ohne entlastende Sonderregelungen ab. Der Einkommensbegriff ist also mit Schwierigkeiten behaftet; aber ich räume ein, daß traditionell das Einkommen als geeigneter Indikator der Leistungsfähigkeit angesehen wird.

Eine Alternative zu diesem Konzept muß selbstverständlich sorgfältig begründet werden; und hier kommen für mich die wirtschaftspolitischen Maßnahmen ins Bild, die auf die Lösung der großen wirtschaftlichen Aufgaben gerichtet sind. Zuvor ist freilich zu klären, ob es auch in steuersystematischer Sicht Alternativen zum Einkommen als Indikator für die Leistungsfähigkeit gibt. Das ist durchaus der Fall, und dabei geht es in erster Linie um den Konsum. Wenn man die Frage nach dem richtigen Indikator für die Leistungsfähigkeit als nicht entschieden ansieht, muß nach zusätzlichen Argumenten für den einen oder anderen Ansatz gesucht werden. Im Hinblick auf die wirtschaftspolitischen Aufgaben, die vor uns liegen, scheint mir nun außer Frage zu stehen, daß es in erster Linie darum gehen muß, die Investitionen steuerlich zu entlasten, und das spricht für den Konsum als Indikator der Leistungsfähigkeit. Dadurch würde im übrigen auch die Diskriminierung des künftigen Konsums gegenüber dem gegenwärtigen Konsum beseitigt, die mit der Einkommensteuer verbunden ist. Weiter ist auf die Neutralität hinsichtlich der Rechtsform (Personen- oder Kapitalgesellschaft) zu achten. Bei einer Ausgabensteuer ist diese Neutralität gewährleistet, denn solange beide investieren sind beide steuerlich nicht betroffen und wenn beide konsumieren, im zweiten Fall durch die Ausschüttung von Dividenden und deren Konsum, sind sie steuerlich zu belasten.

Mit Ihrem Gedanken, neben der Ausgabensteuer noch eine Einkommensteuer zu erheben, kann ich mich allerdings nicht anfreunden. Ich habe das Gefühl, daß Sie eine gewisse Scheu vor der Ausgabensteuer haben, deshalb aus Gerechtigkeitsgründen die erwarteten Verteilungswirkungen einer solchen Steuer abfedern wollen. Wenn es dem so ist, bin ich eher dafür, eine Vermögensteuer zu erheben. Das würde sich besser in das Konzept der Ausgabensteuer einfügen. Eine Einkommensteuer neben der Ausgabensteuer halte ich jedoch steuersystematisch für problematisch. Außerdem käme es dann doch wieder zur Belastung von Ersparnissen und Investitionen, was ja von der Grundidee dieses Ansatzes her nicht geschehen soll.

Herr Spahn hat an dieser Stelle eine Zwischenbemerkung gemacht und gefragt, ob nicht die Desinvestition der Unternehmen so etwas wie Konsum darstelle, was zu besteuern wäre. Ich meine dazu, daß die Tatsache, daß eine Firma Verluste macht und ihr Eigenkapital aufzehrt, nicht Konsum im unmittelbaren Sinne darstellt. Dies kann ja durchaus auf unglückliche Operationen zurückzuführen sein, die im Unternehmerrisiko begründet liegen. Jedenfalls ist eine Abgrenzung gegenüber einem bewußten Vermögensverzehr schwierig, und so bin ich der Meinung, daß, solange es sich nicht um den Konsum privater Haushalte handelt, hier keine Besteuerung vorzunehmen wäre. Im übrigen würde eine Steuer auf die Desinvestition den Desinvestitionsprozeß nur beschleunigen.

Prof. Spahn: Herr Schmidt, ich denke hier nicht nur an die Desinvestition zur Abdeckung von Verlusten, sondern beispielsweise auch an die Abwanderung von Kapital vom In- ins Ausland. Hier wäre m.E. eine Kapitalexportsteuer ein Äquivalent zur Konsumbesteuerung.

Prof. Schmidt: Aber im Prinzip doch nur, wenn das Kapital im Ausland, das keine Ausgabensteuer hat, konsumiert würde. Da dies vom Inland her jedoch nicht zu kontrollieren ist, könnte man ein Anrechnungsverfahren einführen, also eine Steuer beim Kapitalexport erheben, die jedoch angerechnet oder erstattet wird, soweit Investitionen im Ausland nachgewiesen werden. Im übrigen kann es ja unmöglich etwas Schlechtes sein, wenn Unternehmen einer Volkswirtschaft wie der deutschen im Ausland investieren.

Prof. Spahn: Wenn ich aber nun einmal wieder von Kaldors Bild ausgehe, "derjenige, der etwas aus dem Topf herausnimmt, soll besteuert werden, nicht derjenige, der etwas hineintut" und dies als Vermögenskonzept interpretiere, dann wird folgerichtig der Haushalt, der seine Ersparnisse aufzehrt, besteuert, während die Unternehmung, die ihr akkumuliertes Kapital aufzehrt, freibleiben soll?

Prof. Schmidt: Die Unternehmung verzehrt ja nichts, wenn sie im Ausland investiert. Das Kapital der Weltproduktion bleibt erhalten, ja es nimmt zu.

Prof. Biehl: Man muß hier zwischen einem funktionalen und einem territorialen Prinzip unterscheiden. Die deutsche Volkswirtschaft ist territorial abgegrenzt vom Rest der Welt, aber nicht funktional, d.h. die Investition im Ausland muß funktional Investition bleiben und darf nicht zum Konsum werden. Das territoriale Prinzip darf man nicht einfach mit dem funktionalen vermischen.

Prof. Häuser: Auslandsinvestitionen verringern nicht etwa das Bruttosozialprodukt, sondern sie verringern entweder den Kapitalstock oder sie tragen weniger zum Wachstum des Sozialprodukts bei.

Prof. Spahn: Lassen Sie uns diese Frage zunächst abschließen und kommen wir nun zu weiteren Aspekten.

Prof. Schmidt: Was Ihre Bemerkung zum Eigenkapital angeht, Herr Häuser, so kann ich dem nur zustimmen. Die derzeit bestehende Diskriminierung des Eigenkapitals habe ich an einigen Punkten auch gestreift; indirekt habe ich mich entschieden gegen sie gewendet. Denn wer eine Aktivierung von Risikokapital fordert, muß gegen diese Diskriminierung sein, weil das Risikokapital im wesentlichen mit dem Eigenkapital identisch ist.

Herr Biehl! Sie haben auf die Bedeutung der optimalen Kapitalstruktur hinsichtlich des Verhältnisses von privatem zu öffentlichem Sachkapital hingewiesen. Im Grundsatz stimme ich zu. Der Sachverständigenrat hat dazu vor einigen Jahren folgendes geschrieben: "Öffentliche Ausgaben, von denen positive Wirkung auf Wachstum und Beschäftigung ausgehen, sind solche, die Vorleistungen für private Investitionen und komplementär zu diesen sind, und Ausgaben, die private Investitionen anregen, die die Innovation zur Risikobereitschaft stärken und die dem Strukturwandel in der privaten Wirtschaft förderlich sind. Angesichts des Einbruchs bei den öffentlichen Investitionen in den vergangenen Jahren handelt es sich bei der Umstrukturierung der öffentlichen Ausgaben gegenwärtig auch um ein Anheben und Verstetigen der öffentlichen Investitionen."

Das aktuelle Problem der öffentlichen Investitionen ist, daß sie in den vergangenen Jahren nicht nur relativ, sondern auch absolut zurückgegangen sind; erst in diesem Jahr scheint es wieder etwas besser zu werden. Man kann daher, sieht man einmal von dem Strukturproblem ab, nicht viel falsch machen, wenn man aktuell für mehr Investitionen plädiert; denn hier scheint Nachholbedarf zu bestehen. Aber wie groß dieser ist, wann also die optimale Kapitalstruktur erreicht ist, weiß kein Mensch. Es wird Politiker, Beamte und Wissenschaftler geben, die die Meinung vertreten, daß der Bedarf an öffentlichen Investitionen im Vergleich zu früheren Wirtschaftsperioden geringer geworden ist. Haushaltschefs der Länder beispielsweise könnten den Standpunkt vertreten, daß man zu viele Schulen, zuviele Krankenhäuser, zu viele Schwimmbäder gebaut hat. Demgegenüber scheinen die neuen Aufgaben wie Stadtsanierung, der Bau von Altenheimen zwar neuen, aber begrenzten Bedarf zu schaffen; jedenfalls kann aus diesen neuen Aufgaben nicht ohne weiteres ein steigender Trend bei den öffentlichen Investitionen abgeleitet werden. Es wird freilich auch andere Meinungen geben, die einen solchen ansteigenden Trend propagieren. Worauf es mir hier ankommt, ist aufzuzeigen, daß es schwierig ist, die optimale Struktur von öffentlichem und privatem Kapital irgendwie festzumachen. Ökonomisch gesehen kann man natürlich immer davon sprechen, daß die optimale Struktur durch den Ausgleich der Grenzproduktivität der eingesetzten Kapitalien bestimmt wird. Aber empirisch und methodisch gibt es dabei - besonders im öffentlichen Sektor - große und vorerst unüberwindliche Schwierigkeiten. Auch wenn man sich auf die Durchschnittsproduktivität zurückzieht, werden die Chancen, die beiden Sektoren zu vergleichen, kaum besser.

Mit der Frage der Deregulation habe ich keine Probleme. Hier bin ich ganz Ihrer Auffassung: Ich kann mich mit einer Politik der Auflagen nicht anfreunden - schon gar nicht, wenn sie als Substitution für budgetäre Maßnahmen dient. Es ist übrigens interessant, daß schon bei Adolf Wagner immer die Rede ist von "Abgaben und Auflagen".

Gestatten Sie mir noch einige abschließende Bemerkungen, Herr Vorsitzender. Ich bin Ihrer Meinung, daß die Steuerpolitik nicht so aufgezogen werden darf, daß sozusagen der Schwanz mit dem Hunde wackelt. Das kann aber nicht heißen, daß es kein Änderungen geben darf. Erforderlich ist ein mittelfristiges Konzept, auf das sich die Bürger verlassen können. Im

Hinblick darauf ist es bedauerlich, daß die mittelfristige Finanzplanung inzwischen degeneriert und deshalb dafür so gut wie unbrauchbar geworden ist.

Prof. Spahn: Vielen Dank, Herr Schmidt, für Ihre Ausführungen. Ich gebe das Wort noch einmal zurück an Professor Häuser, der eine Ergänzung zum ersten Punkt einbringen möchte.

Prof. Häuser: Ich möchte noch auf einen Punkt zu sprechen kommen, der mir bei der Ausgabensteuer von zentraler Bedeutung zu sein scheint. Sie hätten mich mißverstanden, wenn Sie meinen, ich hätte nur im geringsten etwas gegen die Ausgabensteuer. Für mich ist genau wie für Sie der richtige Ansatz die Frage, welches ist der geeignetste Indikator für die Leistungsfähigkeit. Wir haben uns nun einmal auf das Einkommen als Indikator für die Leistungsfähigkeit kapriziert. Daneben spielt das Vermögen noch eine gewisse Rolle. Aber selbstverständlich ist, und gerade in unserer Zeit, der Konsum der bessere Indikator, zumindest aus dem Grund, weil er nicht nur ein Indikator der Leistungsfähigkeit ist, sondern, noch idealer, weil ein Element der Äquivalenz besteht, nämlich die Äquivalenz zwischen der Entnahme "aus dem Topf" und der Belastung der Umwelt. Wenn dieser Zusammenhang auch noch so vage ist: Wer konsumiert, belastet die Umwelt. Mir scheint das Umschalten von Einkommen auf Konsum als Indikator der Leistungsfähigkeit aus diesem Grund absolut richtig. Aber den Fehler zu begehen zu sagen, es ist nur der Konsum und nicht das Einkommen, scheint mir ein Verstoß gegen eine alte klassische Maxime: Nicht zu sehr auf nur eine Sache setzen! Und ich kann nur wiederholen: Ist es politisch zu vertreten, daß jemand, der über eine Million verdient, nur für 100.000,- DM Konsumausgaben besteuert wird?

Und noch ein Wort: Der Gewinn besteht ja nicht nur aus capital gains. Die Schwierigkeiten mit den capital gains sind bekannt und werden von mir respektiert, aber Gewinn, soweit er Unternehmerlohn und Risikoprämie des Unternehmers darstellt, von der Besteuerung auszunehmen, solange er nicht konsumiert wird, scheint mir nicht vertretbar.

Prof. Spahn: Vielen Dank, Herr Häuser. Ich darf nun die allgemeine Diskussion eröffnen und bitte zunächst Prof. Mitschke sich zu äußern.

Prof. Mitschke: Den im wesentlichen unbestrittenen allokativen Vorzügen einer persönlichen Ausgabensteuer (Konsumsteuer), insbesondere Förderung von Beschäftigung und Wirtschaftswachstum durch steuerliche Entlastung des zur Investition verwendeten Einkommens, werden eben wegen der generellen Begünstigung der Ersparnis und damit der Vermögensakkumulation Unzuträglichkeiten in der Steuerlastverteilung (Herr Kollege Spahn) und Kollision mit dem tradierten Leistungsfähigkeitsprinzip entgegengehalten, da es speziell bei ersatzlosem Wegfall der Körperschaftsbesteuerung wohl nicht angeht, die Unternehmensersparnis völlig steuerfrei zu belassen (Herr Kollege Häuser). Der Vorschlag von Herrn Kollegen Schmidt will das in der Ausgabenbesteuerung angelegte Spannungsverhältnis zwischen allokativen und redistributiven Zielsetzungen durch eine Verschärfung der laufenden (jährlichen) Vermögensbesteuerung beheben, die allerdings nicht die Humankapitalbildung erfassen würde.

Mir scheint der Vorschlag einer verschärften laufenden Vermögensbesteuerung gleichsam als Nachholung der von der Ausgabensteuer ausgenommenen Ersparnisbesteuerung nicht nur wegen der an Praktikabilitätserfordernissen scheiternden Erfassung der Humankapitalbildung ungeeignet. Die Belastung akkumulierter Ersparnis durch eine laufende Vermögensteuer hebt den wesentlichsten Vorzug einer Ausgabensteuer auf, nämlich unter gewissen Rahmenbedingungen die privatwirtschaftliche Entscheidung zwischen Konsum und Ersparnis, insbesondere zwischen Konsum und Investition, nicht zu beeinflussen (Besteuerungsneutralität). Zudem nimmt die Praktikabilität auch einer auf Sach- und Geldvermögen beschränkten laufenden Vermögensteuer in dem Maße ab, in dem der Steuersatz angehoben wird. Die heutige Vermögensteuer verdankt ihre Handhabbarkeit allein dem Umstand, daß bei hohen Freibeträgen, chronischer Unterbewertung des Grundbesitzes und niedrigen Vermögensteuersätzen die individuelle Steuerzahllast gering, in der überwältigenden Mehrheit der Fälle null ist. Der laufenden Sachvermögensbewertung kommt also wegen der fiskalischen Unergiebigkeit der Vermögensteuer (rund 4,5 Milliarden DM in 1984 oder gut 1 % des kassenmäßigen Bruttosteueraufkommens) nur geringe steuerliche Bedeutung zu. Dies würde sich entscheidend ändern, wenn die jährliche Vermögensteuer als Ersatz der einkommensteuerlichen Ersparnisbelastung mit notwendigerweise empfindlichem Steuersatz und dementsprechend höheren Streitwerten gedacht ist. Die laufende Vermögensbesteuerung erweist sich bei ohnehin hohen Verwaltungskosten nur so lange als praktikabel, solange sie fiskalisch bedeutungslos ist.

Ich möchte deshalb einen anderen Weg vorschlagen, die Ersparnis bei einer jährlichen Konsumbesteuerung zu belasten und damit den Konflikt zwischen allokativen und redistributiven Zielsetzungen der Direktbesteuerung zu lösen[14]. Der Vorschlag verläßt insofern nicht bewährte Pfade der Steuerlehre, als er die herrschende Konvention, steuerliche Leistungsfähigkeit am Einkommen zu messen, nicht verwirft. Ökonomische Dispositionskraft äußert sich auch oder gerade in der Ersparnis. Gebrochen wird jedoch mit der Tradition, das Lebenseinkommen einer Person gleichsam in die Einkommen der einzelnen Lebensjahre zu zerlegen und die Besteuerung an das Jahreseinkommen zu knüpfen. Das Lebenseinkommen wird vielmehr in die jährlichen Konsumbeträge und in die zum Lebensende angesammelte Lebensersparnis aufgespalten. Rechnet man entsprechend der Reinvermögenszugangstheorie auch Erbschaften und Schenkungen zum Einkommen, so besteht die Lebensersparnis im Vermögensbestand zum Lebensende. Die Besteuerung des Lebenseinkommens läßt sich also durch eine jährliche Konsumbesteuerung (Ausgabensteuer) und eine einmalige, tarifgleiche Reinvermögenszuwachssteuer auf den Vermögensbestand zum Lebensende (bei entfallender Erbschaftsbesteuerung) verwirklichen.

Die einmalige Reinvermögenszuwachssteuer auf den Vermögensbestand räumt die Einwände gegen die unfaire Steuerlastverteilung einer alleinigen Ausgabensteuer aus und behebt die Praktikabilitätshindernisse einer merklichen jährlichen Vermögensteuer. Es läßt sich zeigen, daß die Kombination von jährlicher Konsumsteuer und einmaliger Reinvermögenszuwachssteuer die privatwirtschaftliche Entscheidung zwischen Konsum und Ersparnisbildung, insbesondere Investition, nicht beeinflußt und damit Beschäftigung und Wachstum durch Aufhebung der einkommensteuerlichen Strafen auf die Erweiterung und Verbesserung des Produktionsapparats begünstigt. Die Ansammlung von Sach- und Geldkapital wird steuerlich gleichmäßig belastet. Der Ansatz des Arbeitsvermögens (Humankapital) entfällt zum Lebensende. Dies ist auch sachgerecht, da eine Person - über ihre gesamte Lebenszeit gerechnet - kein Netto-Humankapital bildet.

Die in Personen- und Kapitalgesellschaften erzielten Gewinne werden ohne Rechtsformunterschiede bei den Gesellschaftern steuerlich erfaßt. Auf ausgeschütteten und von den Gesellschaftern verbrauchten Gewinnen lastet die Konsumsteuer. Die Konsumsteuer lastet aber auch auf einbehaltenen Gewinnen, soweit die Gewinnthesaurierung zu einer entsprechenden Wertsteigerung (Kurssteigerung) der Unternehmensanteile führt, der Gesellschafter die Anteile verkauft und den Veräußerungsgewinn verbraucht. Ausgeschüttete, vom Gesellschafter zu Lebzeiten nicht verbrauchte Unternehmensgewinne sowie thesaurierungsbedingte, durch Veräußerung noch nicht realisierte Wertsteigerungen von Unternehmensanteilen unterliegen der Reinvermögenszuwachssteuer auf den Vermögensbestand. Hier werden die Unternehmensanteile mit ihrem Marktwert (bei börsengängigen Anteilen: Kurswert) angesetzt.

Da somit der gesamte durch Marktpreise bestätigte Anlagenutzen des Personen- oder Kapitalgesellschafters über Konsum- oder Reinvermögenszuwachsbesteuerung erfaßt wird, entfällt die Rechtfertigung einer eigenständigen Körperschaftsbesteuerung. Dem steht freilich nicht entgegen, daß man den Steuereingang durch eine anrechenbare Quellensteuer zumindest auf die Ausschüttungen von Kapitalgesellschaften (Kapitalertragsteuer) sichert.

Prof. Spahn: Ich glaube, dies bietet eine Reihe von interessanten Punkten, auf die Sie sicher direkt eingehen wollen, Herr Professor Schmidt.

Prof. Schmidt: Ich will mich ganz kurz äußern. Sie möchten also an Stelle der Vermögensteuer die Nachlaßsteuer einführen - als eine nachgeholte Ersparnissteuer. Ich habe hierbei einige Probleme technischer Art. Weiterhin habe ich das Problem, daß eine laufende Vermögensteuer distributiv wahrscheinlich besser aussehen würde als eine solche Nachlaßsteuer, und dann ist sicherlich bei freiem Kapitalverkehr eine Möglichkeit gegeben, Steuern durch Transfer von Vermögensteilen ins Ausland zu vermeiden bzw. zu umgehen. Auch hier könnte freilich ein Anrechnungsverfahren helfen; aber die Kontrolle wäre bei einer laufenden Vermögensteuer (von deren Verschärfung habe ich übrigens nicht gesprochen) wohl besser.

Prof. Biehl: Nur noch eine kurze Bemerkung zur theoretischen Konzeption der Steuer. Idealerweise muß das Erzielen von konsumptivem Nutzen aus Vermögen in die Bemessungsgrundlage der Ausgabensteuer einbezogen werden. Von der Konzeption her muß also eine Vermögensteuer immer dazugehören. Erst danach taucht das Problem auf, ob es möglich ist, periodenbezogen die konsumptive Nutzung des Vermögens richtig zu besteuern. Im Grunde genommen handelt es sich also hierbei um eine auf die Besteuerung auch subjektiv-psychischen Einkommens hinzielende Konzeption. Nur weil es außerordentlich schwierig sein dürfte, dies technisch zufriedenstellend und periodengerecht zu verwirklichen, wird man dann auf eine Variante übergehen müssen, die versucht, dieses Einkommen am Ende des Lebens zu besteuern. Ideal wäre natürlich die laufende Besteuerung der Nutzung dieses Vermögens zuzüglich der Nachlaßsteuer. Dies müßte alles Bestandteil des erstbesten Konzepts sein.

Prof. Mitschke: Dieses Problem haben wir in der heutigen Einkommensbesteuerung auch. Wir fassen ja den Naturalverbrauch als Einkommensbestandteil auf und die Schwierigkeiten sind bei der Ausgabensteuer im Vergleich zur Einkommensteuer nicht größer.

Prof. Abb: Ich habe verstanden, daß bei Ihrem Ansatz die allokationspolitische Zielvorstellung im Vordergrund steht, Herr Schmidt. Die Diskussion hat nun aber gezeigt, daß sich der Widerstand an den verteilungspolitischen Folgen entzündet bzw. daran, daß verteilungspolitische Zielsetzungen von vornherein nicht einbezogen werden. Ich frage mich, was sind diese verteilungspolitischen Folgen, und ich glaube, dies kann man nicht beantworten, ohne daß man die Preisstruktur und deren Veränderungen in die Diskussion einbezieht. Ich erinnere mich an das, was Sie, Herr Professor Schmidt, gestern Abend sagten, als Sie darauf hindeuteten, daß man möglicherweise eine Erhöhung der relativen Konsumgüterpreise hinnehmen müsse. Ich glaube, man muß hier zwischen kurz- und langfristigen Veränderungen der Preisstruktur unterscheiden. Ich muß gestehen, daß meine Phantasie jetzt nicht ausreicht, um völlig zu verstehen, was längerfristig dabei herauskommt. Ich habe das Empfinden, daß die Preisstrukturänderung in etwa der von der Nettoeinkommenstrukturveränderung entsprechen könnte. Wenn dies so wäre, dann würden vehemente Verteilungsfolgen auftreten. Wenn es aber zu einer solchen Veränderung der Preisstruktur zwischen Konsum- und und Investitionsgütern kommt, die der Veränderung der Einkommen entspricht, würde auch möglicherweise ein Gutteil der intendierten allokativen Wirkungen abgeschwächt werden.

Prof. Fleischmann: Ich habe zwei Fragen. Innovationsbehindernd sind ja vor allem alle Ausnahmeregelungen in Steuerfragen, sowie Subventionen zugunsten von bestimmten Branchen. Im Hinblick auf die Ausgabenbesteuerung stellt sich die Frage, ob sich dadurch die Chance erhöht, daß solche allokationsverzerrenden Subventionen und Ausnahmeregelungen vermieden oder zumindest verringert werden. Denn wenn es weiterhin dabei bleibt, daß man Subventionen bzw. Ausnahmeregelungen erreicht, kann man jede gewünschte Allokation und neutrale Steuerpolitik konterkarieren.

Der zweite Punkt, der mich interessiert ist folgender: Wir haben auch unter dem bestehenden Einkommensbesteuerungssystem die Tendenz, daß bestimmte Produktionsprozesse in den Haushalten getätigt werden und bestimmte konsumptive Prozesse in den Unternehmen stattfinden. Wird dadurch nicht der Anreiz größer, z.B. "conspicuous investment" zu betreiben, was ja eigentlich nur konsumptive Verwendung des Einkommens ist? Inwieweit meinen Sie, Herr Schmidt, wirkt sich das neue Ausgabenbesteuerungssystem hier allokativ verbessernd aus?

Prof. Schmidt: Beim Übergang zu einer Ausgabensteuer, wie ich es beschrieben habe, würden die Unternehmen anstelle der Einkommensteuer bzw. Körperschaftsteuer ja keine andere Steuer zahlen. Insofern würden auch alle bestehenden Vergünstigungen wegfallen; das wäre also eine Verzerrung. Aber dies ist natürlich keine Garantie dafür, daß nicht über direkte Subventionen neue allokative Verzerrungen zustandekommen.

Es ist in der Tat schwierig, produktive und konsumptive Verwendungen des Einkommens abzugrenzen. Hier wird man im Laufe der Zeit Regeln entwickeln müssen, die dies erlauben. Ich habe dafür kein Patentrezept. Diese Schwierigkeiten bestehen freilich auch schon heute. Wenn ein Konsument z.B. ein Radio kauft, ist dies ein Konsumgut; tut dies ein Gastwirt, wird es zur Investition. Dafür hat man Regeln finden müssen, und ich kann mir vorstellen, daß man ähnlich auch bei der Ausgabensteuer vorgehen wird.

Prof. Spahn: Herr Fleischmann, ich habe etwas Schwierigkeit mit Ihrem Begriff des "conspicuous investment". Ich gehe davon aus, daß eine Investition, und sei sie noch so repräsentativ, letztlich zu einer erwarteten Verbesserung der Nettovermögensposition des Unternehmens führen muß. Man erwartet also durch die repräsentative Ausgabe eine Steigerung des Gewinns.

Prof. Fleischmann: Ich meine nicht das, sondern die Situation, in der eine solche Ausgabe dem Konsum des Unternehmers dient, aber als Investition des Unternehmens steuerfrei bleibt.

Prof. Schmidt: Das ist etwas ähnliches wie im geltenden Einkommensteuerrecht das Problem der Abgrenzung von Betriebsausgaben und Konsum des Unternehmers oder Teilhabers. Eine Reihe von Restaurants in der Frankfurter Innenstadt gäbe es nicht, wenn sich diese Möglichkeit im heutigen Steuerrecht nicht böte.

Prof. Spahn: Ich meine, daß diese Frage der Abgrenzung zwischen Konsumptions- und Investitionsbereich im Unternehmen eine ganz zentrale Rolle spielen wird...

Prof. Schmidt: Aber das ist heute nicht anders.

Prof. Spahn: Deshalb können Sie dennoch nicht sagen, der Unternehmensbereich bliebe völlig unbesteuert. Stellen Sie sich folgende Situation vor. Ein Privatmann spart und konsumiert die Ersparnisse im Alter. Dann wird dies im Rahmen der Ausgabenbesteuerung erfaßt, weil sich hier alles in der Privatsphäre des Haushalts abspielt. Wenn dieser Privatmann aber in ein Unternehmen investiert, dieses Unternehmen danach ins Ausland verlagert, und Sie weiterhin der Meinung sind, daß keine Ausgabensteuer Platz zu greifen habe, dann braucht unser Privatmann dem Unternehmen ins Ausland nur zu folgen und er kann dann das Vermögen unbesteuert dem Konsum zuführen.

Prof. Schmidt: Aber solche Möglichkeiten eröffnet doch auch das geltende Einkommensteuerrecht. Realisieren Sie doch alles, was Sie hier haben, stekken Sie es in einen Aktenkoffer und fahren in die Schweiz, dann können Sie nachher gut von dem Erlös der Coupons leben.

Prof. Biehl: In der Tat stellen sich jetzt solche Probleme bei jedem Steuerrecht, das ja auf die nationale Abgrenzung bzw. auf das Territorialprinzip Rücksicht nehmen muß. Jedes Steuersystem muß ja auf der Existenz nationaler abgegrenzter Territorien beruhen. Das sind dann bei der Ausgabensteuer andere Probleme als bei der Einkommensteuer.

Prof. Mitschke: Wenn ich heute mein Vermögen ins Ausland transferiere, dann sind die Ersparnisse schon einkommensbesteuert. Bei einer Ausgabensteuer wären die Ersparnisse eben nicht besteuert. In meiner Konzeption gehe ich davon aus, daß die Ersparnisse beim Auslandstransfer oder am Ende des Lebens von einer Reinvermögenszuwachssteuer erfaßt werden.

Prof. Spahn: Ich möchte an dieser Stelle davon abraten, weiter in diese spezielle Problematik hineinzuleuchten, und vielmehr versuchen, neue Aspekte in der Diskussion aufzugreifen. Gibt es zu anderen Fragen Wortmeldungen?

Prof. Mellwig: Mit großem Interesse bin ich gestern dem Vortrag von Herrn Kollegen Schmidt und heute auch der Diskussion gefolgt. Erfreut bin ich insbesondere darüber, daß Fachkollegen, die über Jahre hinweg als wirtschafts- und finanzpolitische Berater gefragt waren und sind, so intensiv über eine grundlegende Neuorientierung unseres Steuersystems nachzusinnen und zu diskutieren bereit sind. Sollte tatsächlich die Erkenntnis, daß eine "radikale Neuordnung" unseres Steuersystems notwendig ist, aus dem Elfenbeinturm der Wissenschaft bis zu den Wirtschafts- und Finanzpolitikern gedrungen und dort gar auf fruchtbaren Boden gefallen sein? Sie sehen es mir, so hoffe ich, nach, wenn ich in diesem Punkte eher skeptisch bin. Und so bin ich denn auch über den bisherigen Verlauf der Diskussion nicht uneingeschränkt glücklich. Dies ist nicht so sehr deshalb der Fall, weil hier über die Reform der Unternehmensbesteuerung hinaus sehr viel weitreichender eine Gesamtreform des Steuersystems diskutiert wurde, sondern vornehmlich aus folgendem Grunde: Ein Unternehmer, der sich durch das Thema "Reform der Unternehmensbesteuerung" angezogen fühlt und unserer Diskussion folgt oder sie später nachlesen wird, der wird sich - auch wenn er über vordergründiges und kurzsichtiges Eigeninteresse hinaus zu denken bereit ist - kaum angesprochen fühlen. Ihn dürften vornehmlich diejenigen Problembereiche beschäftigen, die Herr Schmidt gestern im Rahmen seines zweiten Lösungsweges, der "anspruchsvollen Änderung" der Unternehmensbesteuerung angesprochen hat. Dort werden Verbesserungen innerhalb des fortbestehenden Grundsystems durch Beseitigung gravierender Fehlentwicklungen angestrebt. Mir liegt daran, diesen zweiten Lösungsweg, der die steuerpolitische Auseinandersetzung der nächsten Jahre maßgeblich prägen wird, in der heutigen Diskussion nicht untergehen zu lassen.

Neben Änderungen im Bereich der Einkommen- und Körperschaftsteuer hat Herr Schmidt vornehmlich die Beseitigung (Senkung) der Kapitalverkehrsteuern und der Grunderwerbsteuer, Modifikationen bei der Vermögensbesteuerung und schließlich den Ersatz der Gewerbesteuer durch eine kommunale Wertschöpfungsteuer gefordert. Gegen die Beseitigung der Kapitalverkehrsteuern und der Grunderwerbsteuer lassen sich wohl kaum stichhaltige Argumente vorbringen, und um mich zu den vorgeschlagenen Änderungen bei der Einkommen- und Körperschaftsteuer zu äußern, dazu fehlt hier die Zeit. Lassen Sie mich jedoch kurz etwas saqen zur Vermögensteuer und zur Gewerbesteuer.

Für das von Herrn Schmidt zur Vermögensteuer Gesagte hege ich höchste Sympathie. Es kann nicht zweifelhaft sein, daß die Doppelbelastung der Kapitalgesellschaften fallen muß und daß die bewertungsbedingte Diskriminierung des Betriebsvermögens - durch allgemeine zeitnahe Bewertung - zu beseitigen ist. Besonders herausstellen aber möchte ich, daß Herr Schmidt sich nicht für die allgemeine Beseitigung der Vermögensteuer eingesetzt hat. Das verbreitete Lamento über die Investitionsfeindlichkeit der Vermögensteuer ist nicht überzeugend. Daß die Vermögensteuer nicht zu einer Vorteilhaftigkeitsbeeinträchtigung von Investitionen führt, ist bei fremdfinanzierten Projekten unmittelbar einsichtig; der Wert des Objektes erhöht zwar das Rohvermögen, aber der Schuldenbestand ist Abzugsposten. Auch bei eigenfinanzierten Projekten ist - nach einer Beseitigung bewertungsbedingter Diskriminierungen - die Situation nicht anders. Wer wegen der Vermögensteuer Investitionen unterläßt, handelt wie derjenige, der von München nach Frankfurt "auswandert", weil ihm in München die Kriegsgefahr zu groß ist. Sollen hier Belastungen vermieden werden, dann müssen konsequentere Formen der Auswanderung her, die es aber hier nicht zu diskutieren gilt und die dann auch andere Steuerarten betreffen.

Gänzlich anders ist die Sachlage bei der Gewerbesteuer. Der einen Anlagegegenstand finanzierende Kredit stellt regelmäßig Dauerschulden dar; es besteht Hinzurechnungspflicht bei der Gewerbekapitalsteuer (zu derzeit 50%). Und auch die Fremdkapitalzinsen sind (zu derzeit 50%) hinzurechnungspflichtig, werden also von der Gewerbeertragsteuer belastet. Gewerbekapital- und Gewerbeertragsteuer wirken zinserhöhend. Sollte tatsächlich die Investitionstätigkeit der Volkswirtschaft maßgeblich durch die Höhe des Zinsniveaus beeinflußt werden, so ergibt sich aus der Hinzurechnungspflicht bei Dauerschulden ein offenkundiges Investitionshemmnis.

Bei eigenfinanzierten Investitionen kann das Urteil über die Gewerbesteuer nicht anders ausfallen. Belastet werden einseitig gewerbliche Investitionen; und diese sind es vornehmlich, die Arbeitsplätze bereitstellen. Das deutsche Steuerrecht erlaubt sich den Luxus, eine Flucht in (nicht-gewerbliche) Finanzanlagen bzw. in Auslandsinvestitionen zu fördern.

Meine Aussage - die Gewerbesteuer wirke investitionshemmend, die Vermögensteuer, jenseits der Doppelbelastung von Kapitalgesellschaften und nach der Beseitigung bewertungsbedingter Diskriminierungen, aber nicht - deckt sich nicht mit dem, was gemeinhin in der steuerpolitischen Diskussion zu hören ist. Dies ist darauf zurückzuführen, daß dort unter einer andersartigen Blickrichtung argumentiert wird. Man fragt nicht nach der Wirkung von Vermögensteuer und Gewerbesteuer auf die Wirtschaftlichkeit von Investitionen, sondern danach, ob diese Steuerarten die Möglichkeiten der Unternehmen einschränken, aus eigener Kraft, aus intern erwirtschafteten Finanzmitteln, Investitionen zu realisieren. Die Argumentation ist: Unternehmen, denen es ohnehin schlecht geht, werden durch ertragsunabhängige Steuern zusätzlich geschwächt; man nimmt ihnen die Mittel, die notwendig sind, um möglichst aus eigener Kraft, durch Investitionen, aus dem Tief herauszukommen.

Ich möchte dieser Überlegung durchaus nicht widersprechen, doch muß man sehen, daß es auch unter diesem Aspekt wieder die Gewerbesteuer und sehr viel weniger die Vermögensteuer ist, die zu den negativen Wirkungen führt. Bei einer Unternehmung, die sich in einer Verlustphase befindet, wird sich das betriebliche Reinvermögen, also Rohvermögen abzüglich Schulden, recht schnell nach unten anpassen; die Vermögensteuerlast sinkt. Ganz anders ist dies bei der Gewerbesteuer. Die gefährdete Unternehmung muß sich, um zu überleben, verstärkt um Fremdmittel, um längerfristige Kredite bemühen. Die gewerbesteuerlichen Hinzurechnungsvorschriften greifen voll, und zwar bei der Gewerbekapital- und bei der Gewerbeertragsteuer. Die Gewerbesteuer ist wesentlich weniger elastisch als die Vermögensteuer. Die hohe Konjunkturunabhängigkeit der Gewerbesteuer, als Vorteil für die Gemeindefinanzierung gepriesen, erweist sich als Bumerang. Die Gewerbesteuerlast erschwert wesentlich eine Trendwende bei gefährdeten Unternehmen. Die Gewerbesteuer wirkt den immer wieder beschworenen Selbstheilungskräften der Wirtschaft entgegen.

Die verbreitete Forderung nach einer generellen Abschaffung der Vermögensteuer halte ich für eine unselige Forderung. Die Vermögensteuer ist nun einmal stark ideologiebefrachtet; und diese Ideologisierung der Vermögensteuer sollte man nicht übersehen. Falls es wirklich gelingen sollte, die Abschaffung der Vermögensteuer durchzusetzen, so wird auf einige Zeit mehr kaum erreichbar sein. Deshalb sollte man sich gezielt dem Bereich zuwenden, wo der Schuh wirklich drückt: bei der Gewerbesteuer. Die Gewerbesteuer gehört abgeschafft; die Frage ist nur: Was tritt an ihre Stelle?

Der Wissenschaftliche Beirat beim Bundesministerium der Finanzen hat sich in einem Gutachten von 1982 für den Ersatz der Gewerbesteuer (und der Grundsteuer) durch eine kommunale Wertschöpfungsteuer ausgesprochen. Wie der Sachverständigenrat zur Begutachtung der gesamtwirtschaftlichen Entwicklung hat sich gestern auch Herr Kollege Schmidt - für ein Mitglied des Wissenschaftlichen Beirates naheliegend - dieser Forderung angeschlossen. Ich allerdings sehe gute Argumente auf der Seite der großen Zahl derer, die eine kommunale Wertschöpfungsteuer ablehnen. Mit der Erfassung von Löhnen und Gehältern, Mieten und Zinsen werden die ertragsunabhängigen Belastungen drastisch verstärkt, mit negativen Folgen für die Investitionsbereitschaft und -fähigkeit der Unternehmen. Es bliebe nicht nur bei der Hinzurechnung von gezahlten Zinsen - allerdings sämtlicher Zinsen, nicht allein der Dauerschuldzinsen, und zwar nun wieder zu 100% -, sondern es würden insbesondere auch Löhne und Gehälter hinzugerechnet. Zu Recht wird die Wertschöpfungsteuer als Superlohnsummensteuer bezeichnet, als eine Steuer, die in den letzten Jahren als negativ erkannte und deshalb beseitigte oder reduzierte Elemente der Gewerbesteuer wieder reaktiviert. Diese Belastung, die im Ausmaß die ehemalige Lohnsummensteuer wesentlich übersteigt, würde - gemessen an der jetzigen Situation - die Substitution von Arbeit durch Kapital fördern und brächte heute noch nicht übersehbare Folgen für den Arbeitsmarkt mit sich.

Die Nachteile der Wertschöpfungsteuer reichen über die vorgenannten Aspekte weit hinaus; sie wurden in einer 1984 erschienenen Broschüre des Karl-Bräuer-Instituts des Bundes der Steuerzahler überzeugend dargestellt. Für mich sind die Beweggründe, von denen sich der Wissenschaftliche Beirat bei seinem Reformvorschlag hat leiten lassen, nur schwer nachvollziehbar. Eine Steuer, auf die nahezu alle Kritikpunkte an der Gewerbesteuer ebenfalls, und zwar zum Teil in stärkerem Maße, zutreffen, ist für mich nicht akzeptabel. In der Gesamtbeurteilung kann ich eine Verbesserung im Vergleich zur Gewerbesteuer nicht feststellen.

Die kommunale Wertschöpfungsteuer wird wohl vor allem deshalb gefordert, weil sie einen Fortbestand des gemeindlichen Hebesatzrechtes gestattet. Dabei ist das Hebesatzrecht in der Sache keineswegs unverzichtbar; Vorteile bringt das lediglich den ohnehin finanzstarken Gemeinden. Die Reformalternativen, die am Hebesatzrecht festhalten, insbesondere also die Wertschöpfungsteuer, erkaufen dies mit einem beträchtlichen Erhebungs- und Verwaltungsaufwand und/oder mit gravierenden wirtschafts- und verteilungspolitischen Mängeln. Angesichts des nur geringen Anteils der Gewerbesteuer (und jeder aufkommensgleichen Alternative) an den Gesamteinnahmen der Kommunen ist das Beharren auf dem Hebesatzrecht kaum verständlich, es sei denn, man sieht in ihm ein Instrument zu kräftigen und nicht durch die Gesamtverantwortung von Bund, Ländern und Gemeinden gezügelten Erhöhungen kommunaler Einnahmen.

Die geeignetste der bislang entwickelten Reformalternativen ist die Beteiligung der Gemeinden an der (um zwei bis drei Prozentpunkte angehobenen) Umsatzsteuer. Die Umsatzsteuerbeteiligung, wie sie etwa vom Institut Finanzen und Steuern und vom Karl-Bräuer-Institut des Bundes der Steuerzahler propagiert wird, ist zwar einer Beteiligung der Gemeinden an der Einkommen-/Körperschaftsteuer unterlegen. Die im Rahmen der EG-Harmonisierung ohnehin erforderliche Erhöhung des Umsatzsteuersatzes macht die Abwägung zwischen diesen Alternativen jedoch zu einer Frage von bloßer akademischer Bedeutung.

Der Gemeindeanteil an der Umsatzsteuer sollte nach Maßgabe der Beschäftigtenzahlen, einem sachgerechten und einfach zu handhabenden Schlüssel, auf die Betriebsgemeinden umgelegt werden. Dann bliebe auch der Anreiz zu Unternehmensansiedlungen gewahrt. Diese Umlage würde die heutige, an die Wohnsitzgemeinden fließende Einkommensteuerbeteiligung ergänzen.

Für den Ersatz der Gewerbesteuer durch einen kommunalen Anteil an der Umsatzsteuer spricht auch, daß keine neuartige Abgabe mit noch unwägbaren Auswirkungen, sondern die Erhöhung einer "eingespielten" Steuer an die Stelle der Gewerbesteuer träte. Zusätzlicher Erhebungs- und Verwaltungsaufwand entstünde nicht; die Umstellung könnte unverzüglich eingeleitet werden. Die Beteiligung der Gemeinden an einem erhöhten Umsatzsteueraufkommen ist eine naheliegende Alternative zur Reform der Gewerbesteuer; wir stehen vor der seltenen Situation, daß eine naheliegende Reformalternative zugleich die beste Reformalternative ist.

Prof. Spahn: Vielen Dank, Herr Mellwig, für diese ausführliche, ergänzende Stellungnahme zur Reform der Unternehmensbesteuerung, die sicherlich eine Reihe weiterer Wortmeldungen nach sich ziehen könnte. Leider erlaubt uns die Zeit hier keine vertiefende Diskussion mehr, und so möchte ich konsequent sein und Herrn Schmidt bitten, ein Schlußwort an uns zu richten.

Prof. Schmidt: Herr Häuser, es ist nun einmal die Idee der Ausgabensteuer, daß sie an den Konsum anknüpft. Davon ausgehend folgt, daß das Sparen und Investieren bei Unternehmen und bei privaten Haushalten steuerfrei bleibt. Den Verteilungssorgen, die Sie haben, muß auf andere Weise als über eine zusätzliche Einkommensteuer begegnet werden. Der Äquivalenzgedanke, wer konsumiert, belastet die Umwelt, den Sie in die Debatte geworfen haben, läßt sich nicht auf eine Ausgabensteuer anwenden; denn auch wer produziert, verschmutzt die Umwelt. Für diesen nicht-fiskalischen Steuerzweck braucht man, wenn man das Problem steuerlich angehen will, eine besondere Steuer. Auch die Einkommensteuer schafft das nicht.

Herrn Mitschke habe ich schon geantwortet. Ich möchte anfügen, daß ich (als Ergänzung zur Ausgabensteuer) nicht auf eine laufende Vermögensteuer fixiert bin. Wenn die Einführung einer Ausgabensteuer an dieser Ergänzungsteuer hinge, könnte ich auch mit Ihrer Nachlaßsteuer leben. Richtig ist Ihr Hinweis, daß Ersparnisse, die heute ins Ausland transferiert werden, einkommensbesteuert worden sind. Bei der Ausgabensteuer wäre das nicht der Fall. Solange im Ausland nicht auch eine Ausgabensteuer besteht, kommt man deshalb - wie ich schon gestern abend und auch vorhin noch einmal erwähnt habe - nicht ohne ein Anrechungsverfahren aus.

Was die Preisstruktur angeht, Herr Abb, würde ich beim Übergang zu einer Ausgabensteuer erwarten, daß die Preise für Konsumgüter relativ steigen und die Preise für Investitionsgüter relativ sinken. Diese Verschiebung in den relativen Preisen wäre sozusagen das Vehikel, das eine stärkere Zunahme der Investitionen bewirkt.

Nun noch zu den Ausführungen von Herrn Mellwig. Zunächst möchte ich mich bedanken, daß Sie die Aufmerksamkeit auf den zweiten Lösungsweg gelenkt haben. Dafür haben wir im Sachverständigenrat ja viele Jahre geworben. Gegen die Vermögensteuer habe ich, sofern sie neben der Einkommensteuer besteht, schon aus steuersystematischen Gründen Bedenken. Sie müßte auch deshalb, weil sie weitgehend eine Belastung früherer Investitionen darstellt, abgeschafft werden. Wegen der wahrscheinlich hier besonders hohen Mitnahmeeffekte ist das aber nicht so dringlich wie Entlastungsmaßnahmen, die unmittelbar an das Investieren geknüpft sind.

Bei der Gewerbesteuer sind wir, wenn wohl auch aus unterschiedlichen Gründen, der gleichen Meinung, nämlich daß sie eine schlechte Steuer ist, und ich füge hinzu, auch eine schlechte Gemeindesteuer. Daß Sie unsere Argumentation zugunsten der Wertschöpfungsteuer als Gemeindesteuer nur schwer nachvollziehen können, bedaure ich. Ich dachte, wir hätten die Kriterien einer guten Gemeindesteuer deutlich beschrieben und gezeigt, wie man davon ausgehend zur Wertschöpfungsteuer kommt.

Von Seiten der Gewerbesteuerpflichtigen wird m.E. ständig übersehen, daß die Wertschöpfungsteuer als Gemeindesteuer einen viel größeren Kreis von Steuerpflichtigen haben soll als die Gewerbesteuer; die Betriebe der freien Berufe und die Behörden sollen einbezogen werden. Bei Aufkommensneutralität würde die Belastung der jetzt Gewerbesteuerpflichtigen also zurückgehen. Das Argument der Erhöhung der Ertragsunabhängigkeit sollten Sie nicht mehr anführen. Bei der Mehrwertsteuer ist die gesamtwirtschaftliche Bemessungsgrundlage der Konsum, bei der Wertschöpfungsteuer im wesentlichen das Volkseinkommen. Beide Größen belaufen sich auf ein Vielfaches des Gewinns, entsprechen also zum größten Teil ertragsunabhängigen Einkommensteilen. Zwischen der Wertschöpfungsteuer und unserer Mehrwertsteuer gibt es in Sachen Ertragsunabhängigkeit also nur graduelle Unterschiede. In dem ersten Fall ist der Gewinn im Verhältnis nur zum Konsum zu sehen. Eine Anhebung der Mehrwertsteuer (und die Zuweisung des daraus resultierenden Aufkommens an die Gemeinden), die Sie als Ersatz für die Gewerbesteuer präferieren, würde also ebenfalls das ertragsunabhängige Element in der Steuerbelastung der Unternehmen erhöhen.

Auch eine kommunale Steuer allein auf den Gewinn kann nicht im Interesse der Unternehmen liegen. Denn diese können nicht beklagen, daß sie nicht genug Gewinne machen, um Eigenkapital bilden und hohe Risiken übernehmen zu können, und gleichzeitig den Abbau der Hinzurechnungen von Dauerschuldzinsen (und Dauerschulden) fordern, was ja auf eine Sonderbelastung der Gewinne (und des Eigenkapitals) hinausliefe.

Das Hebesatzrecht halte ich in der Tat für einen wesentlichen Bestandteil der Finanzautonomie der Gemeinden und zwar aus ökonomischen und staatspolitischen Gründen. Übersehen wird oft, daß Gemeindesteuern, die dem Äquivalenzprinzip gehorchen müssen, ihrer Natur nach etwas anderes sind als staatliche Steuern, die gemäß dem Leistungsfähigkeitsprinzip erhoben werden sollen. Die Äquivalenzbesteuerung fordert, daß alle produzierenden Einheiten, die kommunale Leistungen in Anspruch nehmen oder den Gemeinden Kosten verursachen, mit einer Steuer belastet werden, in der ihre wirtschaftliche Aktivität am besten zum Ausdruck kommt, und das ist die Wertschöpfung.

Die Wertschöpfungsteuer hat einen ganz anderen Nachteil. Er besteht darin, daß sie auch die Investitionen belasten würde. Allerdings entfiele bei einer Substitution der Gewerbesteuer durch die Wertschöpfungsteuer die Gewerbekapitalsteuer; insoweit entstünde also keine zusätzliche Belastung. Aber im Hinblick auf das Wirtschaftswachstum ist die Erfassung auch der Investitionen ein Nachteil. Dies ist gleichsam der Preis für eine breite und wettbewerbsneutrale Bemessungsgrundlage, die bei einer an die örtliche Wirtschaftstätigkeit anknüpfenden Gemeindesteuer dringend geboten ist. Für die steuerliche Entlastung von Investitionen, so gut sie wachstumspolitisch begründet sein mag, ist eine Gemeindesteuer, die zum Ausgleich der kommunalen Leistungen an die örtliche Produktion von den ortsansässigen Betrieben (und Behörden) erhoben wird, also ungeeignet. Die Entlastung der Risikobereitschaft und des Risikokapitals muß bei den staatlichen Steuern herbeigeführt werden. Und in bezug darauf wäre eine Ausgabensteuer, wegen des Kapitalexports verbunden mit einem Anrechnungsverfahren und begleitet von einer Vermögensteuer oder auch einer Nachlaßsteuer, die beste Lösung.

Prof. Spahn: Ich darf mich bei Ihnen, lieber Herr Schmidt, aber auch bei den übrigen Diskutanten für den interessanten Vormittag bedanken. Allen Teilnehmern danke ich für ihre Aufmerksamkeit und ihr Interesse und darf die Veranstaltung damit schließen.

Anmerkungen

01.) Siehe G. Schmölders, "Steuerumbau als Aufgabe für heute", **Finanzarchiv**, Band 9, 1943, S. 246 ff.

02.) Siehe C. Boettcher, "Vorschlag eines Betriebsteuerrechts", **Steuer und Wirtschaft**, 24. Jg., 1947, S. 68 ff

03.) Siehe Betriebsteuerausschuß der Verwaltung für Finanzen, "Bericht und Gesetzentwürfe zur Betriebsteuer", **Steuer und Wirtschaft**, 26. Jg., 1949, S. 931 ff.

04.) Siehe K. Schmidt, "Zur Reform der Unternehmungsbesteuerung", **Finanzarchiv**, Band 22, 1962/63, S. 35 ff.

05.) Sachverständigenrat zur Begutachtung der Gesamtwirtschaftlichen Entwicklung, Stuttgart/Mainz, Ziff. 317

06.) Sachverständigenrat zur Begutachtung der Gesamtwirtschaftlichen Entwicklung, **Gegen Pessimismus**, Jahresgutachten 1982/83, Stuttgart/Mainz, Ziff. 243.

07.) Zur persönlichen allgemeinen Ausgabensteuer, ihrer Ausgestaltung und Praktikabilität (besonders im Hinblick auf langlebige Konsumgüter, Kredite und Geschenke) zu ihrer steuersystematischen Einordung (besonders in bezug auf das Problem der steuerlichen Gerechtigkeit) und zur Diskussion ihrer Wirkungen siehe R. Peffekoven, "Persönliche allgemeine Ausgabensteuer", **Handbuch der Finanzwisschaft**, 3.Aufl., Bd. II, Tübingen 1980, S. 417 ff. und die dort angegebene Literatur.

08.) Auf die Schwierigkeiten, die sich bei einer Ausgabensteuer für das Außensteuerrecht ergeben, kann ich hier nicht näher eingehen. Erwähnt sei lediglich, daß man, wenn im Ausland keine Ausgabensteuer besteht, ohne Anrechnungsverfahren wohl nicht auskommen wird.

09.) Die Diskriminierung des Sach- und Geldvermögens gegenüber dem Humankapital bliebe allerdings bestehen, und das ist mehr als ein Schönheitsfehler.
Mitschke hat vorgeschlagen, anstelle der Vermögensteuer (sowie der Erbschaftsteuer- und Schenkungsteuer) eine einmalige "Reinvermögenszuwachsteuer" auf das kumulierte Endvermögen zu erheben; siehe J. Mitschke, **Steuer-und Transferordnung aus einem Guß**, Baden-Baden 1985.

10.) Das Folgende gilt auch für den ersten Lösungsweg, also bei dem Ersatz der Einkommensteuer durch eine Ausgabensteuer.

11.) Das sind nur Teile der Lehren, die Buchanan und andere glauben aus der Erfahrung gewinnen und für Steuerregeln einer Verfassung fruchtbar machen zu können. Im einzelnen ist dieses Konzept dargelegt in: G. Brennan and J.M. Buchanan, **The Power to Tax**, Cambridge et al. 1980. Folgerichtig hat Buchanan auch die Einführung einer "Flat Rate Tax" ohne verfassungsmäßig festgelegte Besteuerungsgrenzen abgelehnt (J.M. Buchanan, "The Flat Rate Rax and the Fiscal Appetite"; Discussion to: R.E. Hall and A. Rabushka, "The Flat Tax: A Proposal for Tax Simplification" in: Ch.E. Walker and M.A. Bloomfield (eds.), **New Directions in Federal Tax Policy for** the 1980's, Cambridge, Mass. 1983, S. 314 ff). Zu dem Buch von Brennan und Buchanan siehe die gedankenreiche Besprechung von H. Grossekettler, "Der Brennan-Buchanan-Plan zur Eindämmung der Staatstätigkeit", **Finanzarchiv**, Band 39, 1981. S. 495 ff. Vgl. außerdem M. Feldstein, der in einem Aufsatz ("On the Theory of Tax Reform", **Journal of Public Economics**, Vol. 6, 1976, S.77 ff.) ein "de novo design of tax structure" mit einer "subsequent tax revision" verglichen hat und dabei zu dem Ergebnis kam, daß eine optimale Steuerreform in diesen beiden Fällen zu unterschiedlichen Ergebnissen führt.

Die kritischen Anmerkungen von Grossekettler möchte ich um einen Punkt ergänzen: Der "Schleier des Nichtwissens" mag dazu führen, daß Verfassungsregeln entsprechend der Maximin-Strategie beschlossen werden. Aber damit ist nicht gesichert, daß Politiker diese Regeln im konkreten Fall auch einhalten. Schlupflöcher stehen dafür meist zur Verfügung - sei es in Form von Ausnahmebestimmungen, sei es in Form von Unschärfen in den Bestimmungen. Ausserdem ist zu bedenken, daß auch Verfassungen geändert werden können, und selbst den Verfassungsbruch kann man, wie die Geschichte lehrt, nicht ausschließen. Das Vertrauen, das Buchanan und andere in die (im Zustand der Unwissenheit zustandekommenden) Verfassungsregeln setzen, halte ich für übertrieben - übrigens auch die Meinung, es werde gelingen, eine Verfassung in dem gewünschten Sinne perfekt zu machen. Dies und die Allgegenwart des Vorteilskalküls geben den Lösungen, die Buchanan und andere vortragen, einen illusionären Beigeschmack. Das ändert selbstverständlich nichts daran, daß der Ausgangspunkt dieser Lehren, nämlich das Verständnis des Staates als Besteuerungsmonopolist, ein diskussionswürdiger und m.E. fruchtbarer Ansatz ist.

12.) Wenn dadurch beispielsweise die Einkommensteuerbelastung zunähme, müßte man auf mittlere Frist auch um die Investitionen und Innovationen fürchten; siehe hierzu die Ausführungen oben S. (11)

13.) Zur Beschreibung des politischen Kräftefeldes siehe K. Schmidt, "Zur politischen Reaktion auf Nachfragewogen in der Staatswissenschaft", **Finanzarchiv**, Band 33, 1974/75, S. 35 ff.

14.) Mitschke, J.: "Steuer- und Transferordnung aus einem Guß." Entwurf einer Neugestaltung der direkten Steuern und Sozialtransfer in der Bundesrepublik Deutschland. Schriften zur Ordnungspolitik, Band 2. Hg. Frankfurter Institut für wirtschaftspolitische Forschung und Kronberger Kreis. Baden-Baden 1985